F. F. de Haan

A. E. van de Ven

adapted by P. M. Se

Le mot juste

Longman

Longman Group Limited
London

Associated companies, branches and representatives
throughout the world

First published under the title 'Pesez vos mots' by
Wolters Noordhoff bv Groningen, The Netherlands 1974
English School Edition © Longman Group Ltd

First published by Longman Group Ltd 1976
Third impression 1980

ISBN 0 582 33112 9

Printed in Singapore by Huntsmen Offset Printing Pte Ltd

Foreword

Le mot juste was written with the upper forms of secondary schools
in mind. The book aims to activate and expand the learner's
vocabulary. However, the tasks do not involve straight rote
learning, or translation, but the matching of each word to an
appropriate context. In this way, the learner is able to absorb
snippets of living language, relate words to a situation, and even
make observations about the formal context of the word learnt.
(For instance, the learner might deduce from the examples given
that most adverbs are placed after the verb in French.)

French teachers will also find this book a useful source of practice
material for their lower classes, but equal value will be felt by the
serious pupil or student who will work independently, copying out
the exercises and handing them to the teacher for correction.
The advanced student might adopt a compromise, doing the
exercises mentally and only writing out those items he/she had
difficulty with. This is an excellent way to compile one's own
private contextualised vocabulary list, to be read over at
intervals. There is no doubt that students in Higher Education, as
well as French linguists generally, stand to learn a great deal by
working through the exercises.

The book is divided into four sections, dealing respectively with
nouns, verbs, adjectives and adverbs, and within each section the
exercises are grouped according to type. The most common type
involves filling gaps in sentences with words chosen from a list
given. The list contains the exact number of words required by the
exercise, and, in all likelihood, the learner will recognise at least
some of them at once. It is possible thereafter to treat the exercise
as a sort of puzzle, completing it by a process of elimination
requiring both skill in comprehension and guesswork, a very
pleasant way of practising one's French. Other exercise-types use
antonyms, synonyms, homonyms, word associations, paraphrases
and even similes and metaphors. All the exercises are easy to
handle and the instructions in French clear, though in some
sentences morphological changes need to be made to match
number, gender and words beginning with vowels.

The number of different words is 3100, many occurring in more
than one context. The main source of reference for the words is the
Dictionnaire du vocabulaire essential by G. Matoré, though
Le français fondamental lists (*1er & 2e degrés*) were taken into
account; the authors also consulted the list included by Jean-Guy
Savard and Jack Richards in their *Les indices d'utilité du
vocabulaire français fondamental* (Quebec 1970), the *Dictionnaire
fondamental* by G. Gougenheim and the *Dictionnaire du francais
contemporain* (Larousse).

There is humour in this book — one can see it at once in the illustrations and the headings given to some of the exercises, and there is 'topicality': the sentences are alive, useful, sometimes highly informative. The book can be used by learners at many different levels, ranging from those whose first need is to increase their vocabulary, to those who will be aware of the linguistic and cultural subtleties involved in matching to its context 'le mot juste'.

P. M. Sewell
London, January 1976

Contents

Le substantif

Les mots proposés ne seront utilisés qu'une fois dans chaque exercice. Notez bien qu'il faut mettre le substantif au singulier ou au pluriel et qu'il faut ajouter l'article, l'adjectif possessif (mon, ta, votre, etc.) ou l'adjectif démonstratif (ce, cet, cette, ces) et faire accorder l'adjectif. Il faudra aussi parfois changer la forme de la préposition, (de peut devenir d', à peut devenir au, etc.).

I-1 Il n'y a rien de tel que d'avoir un chez-soi!

Choisissez en bas de l'exercice le mot qui convient le mieux.
1 En ville, la plupart des gens habitent . . . dans un grand immeuble.
2 Quand on vit en banlieue on habite parfois . . . entouré . . . d'un jardin.
3 Le fermier habite . . .
4 Le comte habite . . .
5 Les gens de la ville achètent parfois . . . pour passer les week-end.
6 Le nomade habite . . .
7 À l'âge de la pierre les hommes habitaient . . .
8 Les religieux habitent . . .
9 Le chien dort dans . . .
10 Les vaches rentrent à . . .
11 Les chevaux sont dans . . .
12 Au printemps l'oiseau fait . . .
13 L'abeille fait le miel dans . . .
14 Et moi, j'habite . . .

appartement (m), caverne (f), château (m), couvent (m), écurie (f), étable (f), ferme (f), maison de campagne (f), niche (f), nid (m), pavillon (m), ruche (f), tente (f), . . .

I-2
1 Celui qui habite à la campagne est . . .
2 Celui qui habite dans une ville est . . .
3 Celui qui habite dans un village est . . .
4 Celui qui habite dans la montagne est . . .
5 Celui qui habite le long d'une rivière est . . .
6 Celui qui habite en banlieue est . . .
7 Celui qui n'a pas de domicile fixe est . . .

banlieusard (m), campagnard (m), citadin (m), montagnard (m), riverain (m), villageois (m), vagabond (m).

I-3 **Faisons un peu de ménage:**

1 Jeannette, veux-tu m'aider à faire . . . ? Toutes les assiettes sont sales.
2 Veux-tu m'aider à faire . . . ? Il n'y a plus de linge propre.

5

3 Veux-tu passer le chiffon sur les meubles? On pourrait écrire son nom dans . . .
4 Veux-tu passer . . .? Le tapis est couvert de miettes.
5 Chéri, est-ce que tu pourrais faire . . . ce soir? Je ne rentre qu'à sept heures et nous devons dîner à sept heures et quart.
6 Pourrais-tu faire aussi . . .? Il nous faut deux baguettes, des oranges, un litre de lait et un pot de crème fraîche.
7 Tu peux mettre le lait et la crème fraîche à . . .
8 Si tu veux vraiment m'aider, tu pourrais arroser . . ., cirer . . ., laver . . . de la cuisine et nettoyer . . . à gaz.

aspirateur (m), carreau (m), course (f), cuisine (f), cuisinière (f), frigo (m), lessive (f), parquet (m), plante (f), poussière (f), vaisselle (f).

I-4 *Madame Joliot demande à son fils René de mettre le couvert.*

René:
1 Maman, où est . . . pour couvrir la table?
2 Où sont les . . . dans lesquel . . . on mange?
3 Où sont les . . . dans lesquel . . . on boit?
4 Où sont les . . . sur lesquel . . . on met les plats?
5 Où sont les . . . pour s'essuyer les doigts?
6 Où sont les . . . pour couper la viande?
7 Où sont les . . . pour piquer les morceaux?
8 Où sont les . . . pour manger le potage?
9 Où sont les . . . pour manger le dessert?
Maman:
Ah! Quelle cloche cet enfant! Je le ferai moi-même!

assiette (f), couteau (m), cuiller (f), petite cuiller (f), fourchette (f), nappe (f), serviette (f), sous-plat (m), verre (m).

I-5 *Sylvie, voilà 50 francs, va chercher:*
1 deux baguettes chez . . .
2 quatre biftecks chez . . .
3 dix oranges chez . . .
4 un kilo de sucre chez . . .
5 un camembert et huit petits suisses chez . . .
6 du saucisson et du pâté chez . . .
7 et en passant prends aussi un paquet de cigarettes et le journal à . . .

boucher (m), boulanger (m), charcutier (m), crémier (m), épicier (m), marchand (m) de légumes, bureau (m) de tabac.

-6

1 Le potage est fade; passe-moi . . . et . . .
2 Pour assaisonner la salade, j'ai besoin de . . . et de . . .
3 Les biftecks sont coupés en général dans la viande de . . .
4 Le gigot de . . . est rôti au four ou à la broche.
5 Les saucisses et les saucissons sont faits avec de la viande de . . .
6 Pour faire le pain, le boulanger a besoin de . . .
7 La plupart des gâteaux se font avec . . ., . . ., . . . et . . .
8 Le fromage se fait avec . . . de . . . ou de . . .

agneau (m), beurre (m), bœuf (m), chèvre (f), farine (f), farine (f),
huile (f), lait (m), œuf (m), poivre (m), porc (m), sel (m),
sucre (m), vache (f), vinaigre (m).

-7

Mon frère a été malade la semaine dernière.

1 Il avait 39 de . . .
2 Il toussait beaucoup: il avait mal à . . .
3 Il avait tout le temps envie de vomir: il avait . . .
4 Nous avons fait venir . . .
5 Il lui a tâté . . . et l'a ausculté.
6 Il lui a fait tirer . . .
7 Il a diagnostiqué . . .
8 Ensuite il a fait . . .
9 Il a prescrit trois . . .: . . . contre la toux, des . . . d'aspirine et des vitamines.
10 Il l'a mis à . . . (du thé avec des biscottes), et lui a recommandé de garder . . . pendant cinq jours.
11 Ma mère m'a envoyé chercher les médicaments à . . .
12 J'ai dû revenir à la maison parce que j'avais oublié . . . de maladie de la Sécurité Sociale.
13 Nous espérons qu'il sera bientôt guéri; nous lui souhaitons un prompt . . .

cachet (m), feuille (f), fièvre (f), gorge (f), grippe (f), langue (f),
lit (m), mal au cœur (m), médecin (m), médicament (m),
ordonnance (f), pharmacie (f), pouls (m), régime (m), rétablissement
(m), sirop (m).

-8

Chaque chose à sa place . . .

1 Je bois le café du matin dans . . .
2 Je bois le thé dans . . .
3 Je bois le vin dans . . .
4 Je mets les fleurs dans . . .
5 Je mets la lettre dans . . . et j'y colle un timbre.
6 Je fais le thé dans . . . et le café dans . . .
7 Je dépose les cendres dans . . .
8 Je chauffe la sauce dans . . .
9 Je fais cuire les légumes dans . . .

10 Je fais frire le poisson dans . . .
11 Le vin se vend en . . .
12 Le parfum se vend en . . .
13 La crème de soins se vend en . . . ou en . . .
14 Les petits pois se vendent en . . . de conserve.
15 Le potage en poudre se vend en . . .
16 J'ai rangé mes dessins dans . . .

boîte (f), bol (m), bouteille (f), cafetière (f), carton (m), casserole (f), cendrier (m), enveloppe (f), flacon (m), marmite (f), poêle (f), pot (m), sachet (m), tasse (f), théière (f), tube (f), vase (m), verre (m).

I-9

. . . et une place pour chaque chose.

1 Le nageur va à . . .
2 Les élèves vont en . . .
3 Les malades vont à . . .
4 Les paroissiens vont à . . .
5 Le juge rend la justice à . . .
6 Nous dînons dans . . .
7 Je prends ma douche dans . . .
8 L'athlète va s'entraîner à . . .
9 Les astronomes vont observer le ciel à . . .
10 Je me lave devant . . .

classe (f), église (f), hôpital (m), lavabo (m), observatoire (m), piscine (f), salle (f) de bains, salle (f) à manger, stade (m), tribunal (m).

I-10

1 Dans la salle de concert il y a des . . .
2 Au cinéma il y a des . . .
3 Devant la télévision il y a des . . .
4 A l'université il y a des . . .
5 Dans la salle d'attente du médecin il y a des . . .
6 A la piscine il y a des . . .
7 A la prison il y a des . . .
8 Un journal a des . . .
9 Au musée il y a des . . .
10 Dans une association il y a des . . .
11 Dans le train il y a des . . .
12 Dans un bateau il y a des . . .
13 Une ville a des . . .
14 Un magasin a des . . .

auditeur (m), client (m), étudiant (m), habitant (m), lecteur (m), malade (m), membre (m), nageur (m), passager (m), prisonnier (m), spectateur (m), téléspectateur (m), visiteur (m), voyageur (m).

I-11

1 Jean va à la piscine. Il emporte . . .
2 Si le soleil t'éblouit, mets tes . . .
3 Les manches de . . . de mon pyjama sont trop courtes.
4 Les jambes de . . . sont trop courtes.
5 Ma tante est en train de me tricoter . . . à manches courtes.
6 Mes . . . prennent l'eau: quand il pleut, j'ai les pieds mouillés.
7 La météo a prédit de la pluie; mets . . .
8 Cette année la mode prescrit qu'on doit porter . . . 5 cm au-dessus du genou.
9 L'hiver si je ne mets pas . . . de laine, j'ai froid aux oreilles.
10 J'en ai assez de repasser tous les jours tes . . ., tu porteras désormais des infroissables.
11 Quand on fait une grande promenade, il vaut mieux mettre des . . . de laine, sinon on risque d'avoir des ampoules.

bonnet (m), chaussette (f), chaussure (f), chemise (f), imperméable (m), jupe (f), lunettes (f. pl.) de soleil, maillot (m), pantalon (m), pull (m), veste (f).

I-12

1 Passe-moi . . ., je veux prendre une photo.
2 Passe-moi . . ., le plancher est couvert de sable.
3 Passe-moi . . ., pour enfoncer ce clou dans le mur.
4 Passe-moi . . ., je veux allumer le gaz.
5 Passe-moi . . ., je dois poser ma signature.
6 Passe-moi . . . pour que je me lave les mains moi aussi.
7 Ecrivez ce mot au tableau avec ce . . . de craie.
8 Où est . . .? Je dois monter sur le toit.
9 Donne-toi un coup de . . .; tes cheveux sont en désordre.
10 Pour fermer la bouteille, il me faut . . .

allumette (f), appareil (m), balai (m), bâton (m), bouchon (m), échelle (f), marteau (m), peigne (m), savon (m), stylo (m).

I-13

1 Pour fermer une boîte, il faut . . .
2 Pour recoudre un bouton j'ai besoin de . . . et de . . .
3 Il faut acheter . . . tous les six mois pour garder les dents saines.
4 Sans . . . nous nous serions perdus dans la forêt.
5 Pour abattre l'arbre j'ai besoin de . . . et de . . .
6 Nous avons démoli le mur à coups de . . .
7 J'ai réussi à retirer l'éclat de verre de mon doigt à l'aide de . . .
8 Après le travail le peintre nettoie . . . avec de la térébenthine.
9 Pour ouvrir la boîte de conserve, il faut . . .
10 Pour ouvrir la bouteille de vin, il faut . . .

aiguille (f), boussole (f), brosse (f) à dents, couvercle (m), fil (m), hache (f), ouvre-boîtes (m), pince (f), pinceau (m), pioche (f), scie (f), tire-bouchon (m).

I-14

1. Ma mère m'a tricoté un pull en . . . rouge.
2. Nous avons acheté des casseroles en . . . inoxidable et des bols en . . . incassable.
3. Les éléments principaux du papier sont . . . ou . . .
4. Le plastique est un produit à base de . . .
5. Nos chaussures sont en . . .
6. Les pneus d'une voiture sont en . . .
7. Au Chili il y a beaucoup de mines de . . .
8. Avant de chauffer à . . . ou à . . ., on brûlait . . .
9. Les draps de lit sont en toile de . . .; autrefois ils étaient en toile de . . .
10. Le ciment est à base de . . . et de . . .
11. A côté des briques et des pierres naturelles on utilise actuellement . . . pour la construction des maisons.
12. Il m'a offert une belle écharpe en . . . naturel . . .

acier (m), béton (m), bois (m), caoutchouc (m), charbon (m), chaux (f), chiffon (m), coton (m), cuir (m), cuivre (m), fuel (m), gaz (m), laine (f), lin (m), pétrole (m), sable (m), soie (f), verre (m).

I-15

Qui est-ce qui commande ici?

1. A la tête de la tribu il y a . . .
2. A la tête d'un royaume il y a . . .
3. A la tête de la République il y a . . .
4. A la tête du cabinet britannique il y a . . .
5. A la tête du gouvernement français il y a . . .
6. A la tête de la commune en France il y a . . .
7. A la tête de la commune en Angleterre il y a . . .
8. A la tête d'un département il y a . . .
9. A la tête de l'Eglise catholique il y a . . .
10. A la tête d'une entreprise il y a . . .
11. A la tête d'un orchestre il y a . . .
12. A la tête de la compagnie il y a . . .
13. A la tête du lycée il y a . . .
14. Celui qui dirige un atelier dans une usine est . . .

chef (m), chef (m), d'orchestre, contre-maître (m), directeur général (m), maire (m), pape (m), patron (m), Premier ministre (m), président (m), président (m), directeur-général (m), préfet (m), roi (m), ou reine (f).

I-16

Toute peine mérite salaire.

1. A travail égal, . . . égal . . .
2. Un fonctionnaire reçoit . . .
3. Les ouvriers touchent leur . . . à la fin de la semaine ou du mois.
4. Le propriétaire reçoit . . . de la maison.

5 Un enfant reçoit . . .
6 Est-ce qu'il faut donner . . . au garçon d'ascenseur?
7 A la fin de l'année tous les employés reçoivent . . .
8 Nous donnerons . . . gros . . . à celui qui retrouvera notre chien.
9 L'artiste qui participe à un concours peut gagner . . .
10 J'ai été attrapé en stationnement interdit. J'ai eu . . .
11 Vers Noël le concierge reçoit . . .
12 Celui qui n'a pas payé ses impôts à temps, est condamné à
payer . . .

amende (f), argent (m) de poche, contravention (f), étrennes (f. pl.),
loyer (m), treizième mois (m), paye (f), pourboire (m), prix (m),
récompense (f), salaire (m), traitement (m).

-17
1 Les contribuables payent . . .
2 Si vous voulez voyager dans ce train spécial, il faut payer . . .
3 Les soldats ont réclamé une augmentation de leur . . .
4 Les actionnaires partagent entre eux . . .
5 J'avais emprunté de l'argent. Pour pouvoir payer . . ., j'ai dû
prendre du travail à côté.
6 Il a gagné tant d'argent que maintenant il peut vivre de . . .
7 A 65 ans on a droit à . . . de retraite.
8 En France, . . . vieillesse est assez élevée.
9 Tous ceux qui ont des enfants reçoivent . . .
10 Les membres du cercle sportif sont invités à payer leur . . .
annuel . . .
11 Le chômeur reçoit . . . de chômage.
12 Pour venir en aide aux victimes des inondations, versez votre . . .
au compte de notre organisation.
13 Mon voisin possède quelques terres en Bretagne qui lui donnent
. . . considérable.

allocation (f), allocation (f), allocations (f. pl.) familiales, bénéfice (m),
contribution (f), cotisation (f), dette (f), impôt (m), pension (f),
rente (f), revenu (m), solde (f), supplément (m).

-18
1 Je ne mangerai pas une orange entière; donnez-m'en . . .
2 Les frites coûtent 1 franc . . .
3 Il est venu réclamer . . . . . . de l'héritage.
4 Combien de . . . de sucre prends-tu dans ton café?
5 Avant de pouvoir tirer des conclusions, il faut connaître tou. . . les
. . . de l'affaire.
6 Lors de fouilles récentes on a trouvé . . . d'un manuscrit très
ancien.
7 L. . . plus grand. . . . . . . de la forêt a été détruit . . . par le feu.
8 Tous les membres de l'expédition ont reçu un . . . . . . égal . . .
d'eau et de vivres.
9 Le contenu d'une cuiller s'appelle . . .

10 Le jambon se vend souvent en . . .
11 Quand on divise un tout en trois parties, on obtient trois . . .
12 Quand on divise un tout en quatre parties, on obtient quatre . . .
13 Quand on coupe un gâteau en deux parties, on obtient deux . . .
14 Voulez-vous . . . de camembert avec . . . de pain?

cuillerée (f), élément (m), fragment (m), moitié (f), morceau (m), morceau (m), part (f), partie (f), portion (f), ration (f), quart (m), quartier (m), tiers (m), tranche (f), tranche (f).

I-19++ Jamais l'un sans l'autre.

1 Les impôts vont de . . . à . . .
2 Les produits vont de . . . à . . .
3 Le livre va de . . . à . . .
4 . . . reçoit le loyer de . . .
5 . . . prescrit les médicaments à . . .
6 Les lettres vont de . . . à . . .
7 Le travail lie . . . à . . .
8 . . . tient . . . sur les fonts baptismaux.
9 . . . est totalement soumis à . . .
10 . . . torture . . .
11 . . . chasse . . .
12 . . . a une dette envers . . .

auteur (m), bourreau (m), chasseur (m), consommateur (m), contribuable (m), créancier (m), débiteur (m), destinataire (m), employé (m), employeur (m), esclave (m), expéditeur (m), filleul (m), gibier (m), lecteur (m), locataire (m), maître (m), malade (m), marraine (f), médecin (m), propriétaire (m), producteur (m), receveur (m), victime (f).

1-20

1 Le béton et le bois sont des . . . de construction.
2 L'avocat et le juge sont des . . .
3 Un fauteuil et un canapé sont des . . .
4 Le vin et la limonade sont des . . .
5 Le hêtre et le chêne sont des . . .
6 Le Rhône et le Rhin sont des . . .
7 La Saône et la Marne sont des . . .
8 Le pain et le lait sont des . . .
9 Les épinards et les haricots verts sont des . . .
10 La casserole et la passoire sont des . . . de cuisine.
11 Le mixer et l'aspirateur sont des . . . ménagers.
12 Le thym et le romarin sont des . . . de cuisine.
13 Le poivre et le curry sont des . . .
14 Le chien et le chat sont des . . .
15 Le train et l'autobus sont des . . .

aliment (m), animal (m) domestique, appareil (m), arbre (m), boisson (f), épice (f), fleuve (m), herbe (f), légume (m), magistrat (m), matériau (m), moyen (m) de transport, rivière (f), siège (m), ustensile (m).

I-21

1 Picasso et Rembrandt sont des . . .
2 Brigitte Bardot et Alain Delon sont des . . .
3 Balzac et Stendhal sont des . . . qui ont vécu au XIXe siècle.
4 Jacques Brel et Georges Brassens sont des . . .
5 Rodin et Giacometti sont des . . .
6 Le marteau et la scie sont des . . .
7 Les draps et les serviettes font partie de . . .
8 Les assiettes et les plats font partie de . . .
9 L'or et l'argent sont des . . .
10 Une bague et un bracelet sont des . . .
11 Le kilogramme et le gramme sont des . . .
12 Le kilomètre et le centimètre sont des . . .
13 Le manteau et la robe sont des . . .
14 La poupée et le train électrique sont des . . .
15 La bauxite et le fer sont des . . .
16 Le violon et la flûte sont des . . . de musique.

auteur (m), bijou (m), chanteur (m), instrument (m), jouet (m), linge (m), mesure (f), métal (m) précieux, minerai (m), outil (m), peintre (m), poids (m), sculpteur (m), vaisselle (f), vedette (f) de cinéma, vêtement (m).

I-22

Chacun son métier, les vaches seront bien gardées!

1 Monsieur Serrand exploite un garage. Il est . . .
2 Les . . . de la région ont protesté contre la baisse du prix des pommes de terre.
3 Ma montre retarde, je dois la porter chez . . .
4 Mon grand-père est élu au Conseil municipal. Il est . . .
5 En cas d'incendie, il faut appeler . . .
6 Il joue dans l'Orchestre du Conservatoire. Il est . . .
7 Le . . . de l'immeuble est chargé d'assurer le bon fonctionnement de l'ascenseur.
8 Le . . . qui m'a opéré est passé me voir ce matin.
9 Notre voisin enseigne dans une école primaire. Il est . . .
10 Il distribue le courrier. Il est . . .
11 J'ai mal aux dents. Je dois aller chez . . .

12 Un pilote d'avion s'appelle aussi . . .
13 Il prépare les repas dans un restaurant. Il est . . .
14 Celui qui mène le culte dans un temple protestant est . . .

aviateur (m), chirurgien (m), concierge (m), conseiller (m),
cuisinier (m), cultivateur (m), dentiste (m), facteur (m), garagiste
(m), horloger (m), instituteur (m), musicien (m), pasteur (m),
pompier (m).

I-23

1 Je crois que mes lunettes sont trop faibles. Je dois aller chez . . .
2 . . . qui a réparé la voiture, a oublié de changer les pneus,
   comme je l'avais demandé.
3 Avant de perdre ma clef, je vais en commander un double chez . . .
4 Mon oncle travaille au Ministère de l'Intérieur. Il est . . .
5 Il a une librairie. Il est . . .
6 . . . n'a pas voulu me donner le médicament sans ordonnance.
7 Il appartient à la police. Il est . . .
8 Il travaille dans une bibliothèque. Il est . . .
9 Le robinet ne ferme plus; toute la salle de bains est inondée.
   Appelle vite . . .
10 Quand on doit faire dresser un acte ou un contrat, on va chez . . .
11 Mes chaussures ont besoin d'être réparées. Je dois les porter
   chez . . .
12 Il possède un magasin où l'on vend des disques. Il est . . .

bibliothécaire (m), cordonnier (m), disquaire (m), fonctionnaire (m),
libraire (m), mécanicien (m), notaire (m), oculiste (m), pharmacien
(m), plombier (m), policier (m), serrurier (m).

I-24

Qu'est-ce qu'elle fait dans la vie?

1 Maître Lasalle plaide au barreau. Elle est . . .
2 Annie vend des tickets dans l'autobus. Elle est . . .
3 Jeanine a gagné le championnat de ski. C'est . . . renommée.
4 Madame Giraud a été . . .
5 Colette a écrit entre autres "La Chatte". C'est . . . célèbre.
6 Maria Callas est . . .
7 Madame Eve Curie était . . .
8 Elle enseigne au lycée. Elle est . . .
9 Sa sœur enseigne dans une école primaire. Elle est . . .
10 Ma sœur veut devenir . . . de taxi!
11 En épousant Napoléon, Marie-Louise d'Autriche est devenue . . .
   des Français.
12 Elle présente le journal parlé à la radio. Elle est . . .

avocate, cantatrice, chauffeur, écrivain, impératrice, institutrice,
ministre, physicienne, présentatrice, professeur, receveuse, skieuse.

I-25

1 Nina Simone est . . . américain . . .
2 Elle tape les lettres à la machine. Elle est . . .
3 Elle soigne les malades à l'hôpital. Elle est . . .
4 Elle donne des soins de beauté. Elle est . . .
5 Berthe Morisot était . . . français . . . qui appartenait à l'Ecole des Impressionnistes.
6 Elle sert les repas dans l'avion. Elle est . . .
7 Ma cousine a beaucoup à faire à la maison. Cependant tout est propre, car c'est une bonne . . .
8 Elle s'occupe de ceux qui ont besoin d'aide sociale. Elle est . . .
9 Elle sert les repas dans un restaurant. Elle est . . .
10 Elle vend des livres dans une librairie. Elle est . . .

assistante sociale, chanteuse, dactylo, esthéticienne, infirmière, hôtesse de l'air, ménagère, peintre, serveuse, vendeuse.

I-26

Chacun sa chacune.

1 La . . . est la femme du marquis.
2 La . . . est la femme du comte.
3 Celui qui joue avec moi contre les autres est . . . de jeu.
4 Celui qui joue contre moi est . . .
5 Celui qui m'accompagne en voyage est . . . de voyage.
6 Celle qui partage ma vie est . . .
7 Celui qui travaille avec moi est . . .
8 Les Grecs et les Romains de l'Antiquité adoraient des dieux et . . .
9 Jean est mon meilleur copain; Colette est . . . meilleur . . . . . .
10 J'ai deux cousins et trois . . .
11 J'ai un neveu et une . . .
12 La femelle du cheval est . . .
13 La femelle du chien est . . .
14 La femelle du chat est . . .
15 La femelle du coq est . . .
16 La femelle du bélier est . . .

adversaire (m), brebis (f), chatte (f), chienne (f), collègue (m), compagne (f), compagnon (m), comtesse (f), copine (f), cousine (f), déesse (f), jument (f), marquise (f), nièce (f), partenaire (m), poule (f).

I-27

1 L'ensemble des salariés s'appelle . . .
2 L'ensemble des outils s'appelle . . .
3 L'ensemble des avions d'un pays s'appelle . .
4 L'ensemble des bourgeois s'appelle . . .
5 L'ensemble des patrons s'appelle . . .
6 L'ensemble des bateaux d'un pays s'appelle . . .
7 L'ensemble des plantes d'une région s'appelle . . .
8 L'ensemble des auditeurs d'un concert s'appelle . . .
9 L'ensemble des personnes présentes à une conférence s'appelle . . .

10 L'ensemble des feuilles d'un arbre s'appelle . . .
11 L'ensemble des magistrats s'appelle . . .
12 L'ensemble des meubles d'une maison s'appelle . . .

auditoire (m), assistance (f), aviation (f), bourgeoisie (f), feuillage (m), flore (f), magistrature (f), marine (f), mobilier (m), outillage (m), patronat (m), salariat (m).

-28

1 Le berger fait paître ses moutons dans la montagne. Il garde . . .
2 Le fermier va traire les vaches et nourrir les cochons. Il s'occupe de . . .
3 Un groupe de comédiens qui jouent ensemble s'appelle . . .
4 L'ensemble des électeurs s'appelle . . .
5 L'ensemble des jurés qui doivent examiner une affaire s'appelle . . .
6 L'ensemble des cheveux d'une personne est . . .
7 Les conseillers forment ensemble . . .
8 L'ensemble du personnel d'un navire ou d'un avion s'appelle . . .
9 Un ensemble d'arbres fruitiers s'appelle . . .
10 L'ensemble des soldats d'un pays s'appelle . . .
11 Un groupe d'Indiens qui vivent ensemble forment . . .
12 L'ensemble des joueurs de football s'appelle . . .
13 L'ensemble des députés s'appelle . . .
14 Un ensemble de joueurs de rugby ''britannique'' s'appelle . . .

armée (f), Assemblée (f) Nationale, bétail (m), chevelure (f), conseil (m), électorat (m), équipage (m), équipe (f), jury (m), onze (m), tribu (f), troupe (f), troupeau (m), verger (m).

-29

Trouvez le mot de passe!

Le verbe passer *forme un grand nombre d'expressions indiquant une action. Complétez les phrases en mettant un substantif.*

1 Pour atteindre l'autre rive de la Seine, il suffit de passer . . .
2 Le douanier a refusé de me laisser passer . . ., car je n'avais pas mon passeport.
3 Le potage est fade; veux-tu me passer . . .
4 Mon frère était très enrhumé; il a passé . . . à toute la famille.
5 Tous les ans les élèves sont examinés par le médecin. Ils passent . . . médical . . .
6 Quand sauras-tu le résultat de ton examen? – L'écrit a eu lieu la semaine dernière. C'est demain que je passe . . .
7 Il faut te couvrir par ce froid; tu n'as rien sur le dos. Passe . . .
8 J'ai envie d'écouter un peu de musique. Je vais passer . . .
9 Nous sommes restés à la campagne du premier juillet jusqu'au 31 août. Nous avons passé . . . à la campagne.
10 Aujourd'hui j'ai pris ma première leçon de conduite. J'ai appris qu'il faut débrayer avant de passer .

disque (m), frontière (f), manteau (m), mois (m), oral (m), pont (m), rhume (m), sel (m), visite (f), vitesse (f).

I-30   Ne vous faites pas de bile!

Il y a un grand nombre d'expressions avec le verbe faire. Faire *indique toutes sortes d'actions, par exemple* faire la guerre, faire fortune *ou signifie* vouloir sembler, *par exemple* faire le mort, faire l'imbécile.
Complétez les phrases suivantes en mettant le substantif qui convient.

1 Les deux pays ont signé un accord pour mettre fin à la guerre: ils ont fait . . .
2 Il est devenu riche dans le commerce du blé. Il a fait . . .
3 Nous n'avons pas réussi à réparer la radio nous-mêmes. Nous ferons . . . à un specialiste.
4 Ce garçon est intelligent et habile. Il réussira certainement dans la vie. Il fera . . . dans la vie.
5 Il croit que c'est lui, le maître. Il essaye de nous faire . . .
6 Entre Noël et le week-end suivant il n'y a qu'un jour; nous ne travaillerons pas ce jour-là: on fera . . .
7 Depuis cette discussion il ne veut plus me parler. Il me fait . . .
8 Tous les vendredis je dois ranger ma chambre. Après avoir aéré les draps, je fais . . .
9 Ce matin, quand nous sommes descendus, nous avons vu que la chatte avait quatre chatons près d'elle: elle avait fait . . .
10 Cessez de faire . . .; vous avez très bien compris.
11 Quand la mer est calme, j'aime flotter des heures entières sur le dos. Je fais . . .
12 Il essaie toujours d'être drôle en classe pour attirer l'attention de ses camarades: il fait . . .
13 Il veut être médecin. Il s'est inscrit à l'université pour faire . . . de médecine.
14 Il croit qu'il est le plus intelligent de tous; il voulait faire . . ., le voilà bien attrapé!
15 Le chien se dresse sur ses pattes arrière; il fait . . .

appel (m), beau (m), chemin (m), clown (m), étude (f), fortune (f), idiot (m), lit (m), loi (f), malin (m), paix (f), petit (m), planche (f), pont (m), tête (f).

I-31   *Est-ce LE ou LA?*

1 Qui a brisé . . . vase en porcelaine de Chine?
2 Ce n'est pas étonnant qu'il fasse froid ici: . . . poêle est éteint . . .
3 Nous sommes montés à . . . tour de l'église pour admirer le panorama.
4 J'aime beaucoup la chimie, mais je déteste . . . physique.
5 Va vite porter cette lettre à . . . poste.

6 . . . mode n'est plus aux cheveux longs.
7 . . . critique était assis . . . au premier rang et suivait le spectacle
avec un grand intérêt.
8 Pour être hôtesse de l'air il faut avoir . . . physique agréable.
9 Au fond de la rivière une couche de vase épais . . . recouvrait
le trésor de pierres précieuses.
10 Il croit qu'il est parfait; il ne supporte pas . . . critique.
11 Moi j'ai fait la vaisselle hier, c'est . . . tour de Didier maintenant.
12 . . . manche de ce couteau ancien est en ivoire sculpté.
13 C'est bizarre! . . . manche droit . . . de ce pull est plus long . . .
que . . . manche gauche!
14 En arrivant aux Etats-Unis il a tout de suite trouvé . . . poste
qu'il désirait.

I-32

Complétez:

1 En Angleterre, les toits des maisons sont souvent couverts
de . . .
2 On conserve le vin en . . . avant de le mettre en bouteilles.
3 La chaleur faisait apparaître des gouttes de . . . sur son front.
4 Le prisonnier avait scié quelques . . . de sa fenêtre et s'était
évadé.
5 L'accident avait été causé par un automobiliste qui avait oublié
d'allumer . . .
6 J'ai perdu ma montre, probablement parce que . . . s'est cassé . . .
7 Nous avons perdu notre chat. Nous avons fait mettre . . . dans
le journal.
8 Dans un congrès international il faut . . . pour que tous les
participants puissent se comprendre.
9 Si tu as froid aux mains, mets . . .
10 . . . meilleur . . . contre la fatigue, c'est le sommeil.

annonce (f), barreau (m), bracelet (m), interprète (m), gant (m),
phare (m), remède (m), sueur (f), tonneau (m), tuile (f).

I-33

Complétez:

1 Pour rendre la terre plus fertile, on utilise . *l'engrais*
2 Quand on veut prendre un virage, il faut tourner . *le volant*
3 Quand les habitants d'une région meurent de faim, il y a . *famine*
4 Au centre d'une cerise ou d'une prune on trouve . . *noyau*
5 A l'intérieur d'une pomme on trouve . . . *pépins*
6 Quand on noue sa cravate, on fait . . *noeud*
7 Quand un bateau a été détruit par la tempête, il a fait . *naufrage*
8 Ce qu'on met autour d'un produit pour la vente s'appelle . *au ballage*
9 Quand on ne peut pas atteindre son but par la force, il faut
employer . . *la ruse*

10 Autrefois il fallait aller chercher l'eau au puits. Maintenant il
   suffit d'ouvrir . . . robinet
11 La nuit, phares . . . guident les bateaux.
12 Qui va à pied est . . piéton .
13 Qui va à bicyclette est . . cycliste
14 Qui conduit une voiture est . automobiliste

automobiliste (m), cycliste (m), emballage (m), engrais (m), famine _fertiliser_
(f), naufrage (m), nœud (m), noyau (m), pépin (m), piéton (m),
phare (m), robinet (m), ruse (f), volant (m). _cunning_

I-34

Complétez:

1 Un enfant qui a perdu ses parents est . . .
2 On met . . . sur une blessure pour la protéger contre l'infection.
3 Quand on se trouve à un carrefour et qu'une autre voiture vient
   de la droite, il faut lui donner . . .
4 Quand on fait la cuisine, on peut mettre . . . pour protéger ses
   habits contre les taches.
5 Quand les ouvriers décident d'arrêter le travail pour obtenir
   quelque chose, ils sont en . . .
6 Quand on ne peut pas trouver de travail, on est en . . .
7 Quand la mort d'une personne aimée vous cause une grande
   douleur, on est en . . .
8 Quand on veut se brosser les dents, on met . . . sur sa brosse à
   dents.
9 A l'occasion d'une fête nationale on met . . . sur tous les
   bâtiments publics.
10 On met les morts dans . . . avant de les enterrer.
11 Je veux prendre un bain; je vais remplir . . .
12 La serveuse nous a apporté les boissons sur . . .

baignoire (f), cercueil (m), chômage (m), dentifrice (m), deuil (m), _mourning_
drapeau (m), grève (f), orphelin (m), pansement (m), plateau (m),
priorité (f), tablier (m). _dressing_

I-35

Chassez l'intrus.

Un mot n'est pas à sa place. Lequel?

1 essence, charbon, fuel, pétrole, engrais.
2 gardien, gendarme, concierge, gendre, guide
3 glacier, golfe, montagne, gouffre, grue, grotte _gulf - abysse, crane ?_
4 grange, hangar, coutume, hutte, cabane
5 hirondelle, piéton, mouette, aigle, pigeon _swallow_
6 interprète, maçon, célibataire, curé, espion
7 ressort, vis, crochet, clou, verrou, ongle _screwdriver, bolt ?_
8 chausson, botte, caleçon, sabot, soulier _slipper / gym shoe_
9 écorce, bourgeon, épine, tronc, tige, lièvre _bark, bud, pine needle, stem, hare ?_

20

10 mollet, pépin, cuisse, cheville, mâchoire
11 muscle, intestin, foie, gamine, poumon, veine
12 corne, griffe, aile, gueule, grille, queue
13 torrent, étang, otage, ruisseau, plaine
14 poitrine, palais, menton, rabais, poing
15 poignet, sourcil, talon, pouce, index, poutre, tempe
16 grippe, rhume, nausée, ruse, courbatures

II-1

Trouvez le substantif qui correspond au verbe en italique, en employant la terminaison -ion. *Par exemple:* organiser - organisation.

1 Qui va *succéder* à notre directeur actuel?
  Qui va prendre . . .?
2 Qu'est-ce que nous pouvons *conclure* de ces renseignements sommaires?
  Quel. . . . . . pouvons-nous en tirer?
3 Ils ont réussi à me *convaincre* de leur sérieux.
  J'en ai maintenant . . .
4 Nous avons *décidé* ensemble de cette mesure.
  . . . a été pris. . . à l'unanimité.
5 Il a été *condamné* à deux ans de prison pour vol avec effraction.
  . . . n'a surpris personne.
6 Mon grand-père a *fondé* une société littéraire.
  Aujourd'hui nous fêtons le cinquantenaire de . . .
7 Trois détenus ont réussi à s'*évader* de la prison.
  Leur . . . n'a été rémarqué . . . que le lendemain.
8 Le secrétaire est *intervenu* dans le débat pour apporter quelques précisions.
  . . . a été très utile.
9. Trois étrangers ont été *expulsés* du pays parce qu'ils exerçaient des activités illégales.
  Un procès a précédé leur . . .
10 Nous avons dû nous *séparer* pour six mois.
  Notre . . . m'a été très pénible.
11 Nous avons *loué* une voiture pour partir en vacances.
  Le prix de . . . est de 30 francs par jour.
12 Il m'a fallu longtemps pour m'*adapter* à ma nouvelle existence.
  . . . a été long. . . et difficile.
13 Il m'a téléphoné pour me *confirmer* son arrivée.
  Nous avons reçu hier . . . de son arrivée.
14 Il m'a si bien *décrit* la maison qu'il habite que je crois y avoir vécu.
  Il m'en a donné . . . précis. . .
15 Après une semaine de travail je me *distrais* en faisant un peu de jardinage.
  Le jardinage est . . . préféré. . .
16 Quand je suis entré, j'ai senti que l'atmosphère *était* très *tendue*.
  J'ai senti . . . grand. . . . . .

21

17 Je me laisse toujours *tenter* par les gâteaux au chocolat.
   Je ne résiste pas à . . . d'un gâteau au chocolat.
18 Il *possédait* une grande fortune, mais : . . . de cette richesse ne l'a
   pas protégé contre le malheur.

II-2

Trouvez le substantif qui correspond au verbe en italique et qui se termine en -ment, -ance, -age.

1 François s'est fait punir en classe pour avoir *bavardé*.
   Il a été puni pour . . .
2 L'avion n'a pas pu *atterrir* à cause du brouillard.
   Il a été gêné à . . . par le brouillard.
3 Notre appartement n'est pas bien *chauffé*.
   . . . est insuffisant . . .
4 Un avion a été *détourné* entre Zurich et Rome.
   . . . a été organisé . . . par un groupe de terroristes.
5 Un immeuble a brûlé dans notre rue. Tous les habitants ont été
   sauvés.
   . . . a été bien organisé . . .
6 Plusieurs personnes ont *témoigné* en sa faveur.
   L'avocat s'est fondé sur leurs . . . pour défendre l'accusé.
7 Tous les passagers ont *débarqué* à Marseille.
   . . . a duré une heure.
8 J'*ignore* où il habite maintenant.
   Je suis dans . . . complet . . . de son adresse.
9 Il aime *bricoler*
   . . . est son passe-temps favori . . .
10 Tu appelles ça *raisonner* juste?
   . . . est complètement boiteux . . .
11 Tous les soirs les femmes de ménage viennent *nettoyer* l'école.
   . . . des salles de classe prend la plus grande partie de leur temps.
12 Notre armée n'a pas pu *résister* longtemps à l'attaque de l'ennemi.
   Notre . . . était faible.
13 Le progrès technique a *bouleversé* les structures de la société.
   . . . est profond . . .
14 Ils se *ressemblent* comme frère et sœur.
   Vous n'avez pas remarqué . . . . ?
15 Il n'est pas toujours facile de se faire *obéir* de ses enfants.
   Il est parfois difficile d'obtenir . . .
16 Quand mon frère cadet est *né*, j'avais 9 ans.
   A . . . j'avais 9 ans.

II-3

Trouvez un substantif qui se termine en -ure.

1 Attention! On vient de *peindre* la porte.
   Attention à . . . !
2 Voulez-vous *signer* en bas de la page?
   Voulez-vous poser . . . ?
3 En Bretagne on *cultive* les artichauts.
   . . . des artichauts ne paie pas.

4 Quand j'ai *lu* le poème pour la première fois, je ne l'ai pas compris.
   A . . . premier . . . . . . je ne l'ai pas compris.
5 Ces chaussures sont formidables. Elles ne s'*usent* presque pas.
   Elles résistent à . . .
6 Je me suis *brûlé* le doigt en allumant le poêle.
   Je me suis fait . . . au doigt.
7 Il vaut mieux se *nourrir* sobrement.
   Nous n'avons pas besoin de . . . très riche.
8 Maintenant que tout est devenu tellement cher, je *couds* mes
   propres robes.
   Heureusement, j'aime . . .
9 Après cette brouille nous avons *rompu* définitivement.
   Cette brouille a causé notre . . . définitif . . .
10 Je peux facilement lire ce qu'il *écrit*.
   Il a . . . très lisible.

II-4 *Trouvez le substantif qui correspond au verbe en italique.*

1 Je *regrette* de ne pas avoir profité de l'occasion.
   J'ai beaucoup de . . . de ne pas en avoir profité.
2 Il a *emprunté* 1 000 francs.
   Il a fait . . . de 1 000 francs.
3 Nous n'avons pas pu *choisir*.
   . . . était trop grand . . .
4 Deux acteurs inconnus *jouent* dans ce film.
   Leur . . . est remarquable.
5 Je me suis *réveillé* à sept heures.
   A . . . j'ai vu qu'il avait neigé.
6 Avant de lancer un produit, on l'*essaie* en usine.
   On en fait . . . en usine.
7 A midi nous nous sommes *reposés* pendant une heure.
   Nous avons pris . . . d'une heure.
8 Il s'est fait mal en *sautant* du mur.
   Il s'est fait mal en faisant . . . du mur.
9 Actuellement la tuberculose *recule*.
   On constate . . . de cette maladie.
10 En entrant dans la classe il m'a *regardé* d'une façon bizarre.
   Il m'a jeté . . . bizarre.
11 Deux fois par semaine cette compagnie aérienne *vole* sur Bagdad.
   Il y a deux . . . par semaine pour Bagdad.
12 Les chevaux reconnaissent sa voix. Quand il *appelle*, ils viennent
   à lui.
   A . . . ils viennent à lui.
13 Angeline a *toussé* toute la nuit.
   Je lui achèterai un sirop contre . . .
14 C'est le propriétaire qui *entretient* l'extérieur du bâtiment.
   Les frais de . . . sont à sa charge.
15 Il ne sait pas quoi faire de son temps libre. Quand il ne travaille
   pas, il s'*ennuie*.
   Il travaille pour éviter . . .

16 J'ai *prêté* de l'argent à mon frère pour qu'il achète une auto.
Je lui ai fait . . .
17 Ne laisse pas d'argent dans la poche de ton manteau. On m'a
volé 100 francs la semaine dernière.
Deux . . . ont été commis . . .

II-5

*Trouvez pour chaque numéro de l'exercice deux substantifs qui
correspondent au verbe cité en haut.*

1 *boire*
a Les . . . alcooliques ne se vendent pas aux mineurs.
b Il boit beaucoup trop de vin; c'est un . . . grand . . . . . .
2 *trahir*
a Méfiez-vous de lui. C'est un . . . . . .
b L'ancien général a été condamné pour haut . . . . . .
3 *succéder à*
a Qui prendra . . . du Secrétaire d'Etat?
b A-t-on déjà trouvé . . . ?
4 *élire*
a Tous les citoyens majeurs peuvent participer à . . .
b Quand on va voter on doit présenter sa carte de . . .
5 *jouer*
a En participant à . . . télévisé . . . elle a gagné un réfrigérateur.
b Un tableau célèbre de Manet s'appelle ". . . de flûte".
6 *vaincre*
a L'équipe de Lyon est sortie . . . de la compétition.
b Hier soir, nous avons fêté . . . de notre équipe.
7 *lutter*
a . . . des classes est une des notions fondamentales du marxisme.
b Il ne renonce jamais. Il a un vrai tempérament de . . .
8 *permettre*
a On lui a retiré . . . de conduire à la suite d'un accident dont il est
responsable.
b Mon père nous a donné . . . de prendre sa voiture dimanche
prochain.

II-6++

Même exercice.

1 *pouvoir*
a Vous-avez fait tout ce qui était en votre . . . pour éviter qu'il soit
mis au courant.
b Dans cette partie du monde les grand . . . se disputent l'influence.
2 *changer*
a Voilà deux mois déjà que je fais le même travail.
J'ai besoin de . . .
b A côté du poste de douane il y a un bureau de . . .
3 *chanter*
a Je chante dans une chorale; et je prends aussi des leçons de . . .

b Comme le trajet était très long, nous avons chanté . . . pour passer le temps.

4 *préparer*
a Demain nous partirons en vacances. Nous avons consacré les trois derniers jours à . . .
b L'exposé que je dois faire en classe demande un. . . long. . . . . .

5 *destiner*
a Nous sommes partis à six heures du matin et sommes arrivés à . . . vers sept heures du soir.
b . . . a voulu que nous nous soyons rencontrés une deuxième fois.

6 *arrêter*
a Il pleut sans . . . depuis trois jours.
b Comme il n'y a pas assez de preuves contre lui, on ne peut pas demander . . .

7 *commander*
a Après la présentation du nouveau modèle, nous avons reçu beaucoup de . . .
b Le général qui avait . . . de la division nous a accordé une interview.

8 *charger*
a . . . du bateau a duré une journée.
b Les chameaux transportent de lourd. . . . . . sur le dos.

II-7

Comment appelle-t-on celui qui:

1 apprend un métier
2 combat
3 conduit
4 fabrique un produit
5 garde un immeuble
6 guide les touristes
7 hérite
8 mendie
9 traduit
10 représente une maison de commerce
11 croit en Dieu.

II-8

1 C'est l'intérêt qui l'a fait *agir*.
. . . n'est pas désintéressé. . .
2 Quand on *ment*, on s'attire souvent des ennuis aussi graves que ceux qu'on voulait éviter.
Raconter des . . . est souvent inutile.
3 Combien *pèse* cette pastèque?
Son . . . est de 3 kg environ.
4 L'armée de Napoléon s'est *retirée* devant les Russes.
. . . a coûté la vie à des dizaines de milliers de soldats.
5 Est-ce que tu as *résolu* le problème tout seul?
Oui, j'ai trouvé . . . . en moins de dix minutes.

II-9[++]

1 Vous *vous trompez:* il n'habite pas au numéro 18, mais au numéro 8.
Vous faites . . .

2 Il s'est *fâché* tout rouge lorsqu'il a vu que nous n'avions pas fait ce qu'il avait dit.
Il est entré dans . . . violent. . .

3 Quand je *dors*, je ne veux pas être dérangé.
Je ne veux pas qu'on trouble . . .

4 A minuit quelqu'un a *frappé* à la porte.
Nous avons entendu trois . . .

5 Le témoin a *juré* de dire la vérité.
Il a prêté . . .

6 Ils traitent leur chien très mal. Ils le *battent* et ne lui donnent pas à manger.
Hier j'ai vu qu'ils lui donnaient . . . de bâton.

7 Quand il est fâché, il *se tait*.
Il s'enferme dans . . .

8 Je n'*ose* pas lui demander de le refaire encore une fois.
Je n'en ai pas . . .

9 En descendant du train, j'ai perdu l'équilibre et je suis *tombé* sur le quai.
J'ai fait . . . sur le quai.

10 Depuis son accident il ne *se souvient* de rien.
Il a perdu . . .

11 Si tu veux que je te dessine ton portrait, tu ne dois pas *bouger* tout le temps.
Ne fais aucun . . . . . .

12 Je ne sais pas combien *coûte* ce pull.
Je vais en demander . . . au chef de rayon.

13 J'ai été *élevé* en France.
On m'a donné . . . français. . .

14 Dans ce livre il *raconte l'histoire* de son évasion.
Il fait . . . de son évasion.

chute (f), colère (f), coup (m), coup (m), courage (m), éducation (f), erreur (f), mémoire (f), mouvement (m), prix (m), récit (m), serment (m), silence (m), sommeil (m).

II-10   **Mélange.**

1 Nous vous sommes reconnaissants de vos remarques et nous les avons *notées*.
Nous en avons pris . . .

2 Elle *s'est efforcée* de plaire à ses parents, mais ils ne sont jamais contents.
Elle a fait de grand . . . . . . pour leur être agréable.

3 Elle m'*accuse* d'avoir voulu lui prendre son ami.
J'ai écouté   . avec étonnement.

4 Il veut se *venger* de cette insulte.
   Il prépare . . .
5 En me demandant cela, il a voulu *éprouver* mon courage.
   Il a voulu mettre mon courage à . . .
6 Quelques paysans ont *secouru* les blessés de l'accident de voiture.
   C'est leur . . . rapide qui les a sauvés.
7 En été nous *nous baignons* pratiquement tous les jours.
   Nous prenons tous les jours notre . . . de mer.
8 Nous nous sommes *abrités* de la pluie sous le porche de la cathédrale.
   Nous nous y sommes mis à . . .
9 Toutes les tentatives de conciliation ont *échoué*.
   Toutes les tentatives ont abouti à . . .
10 Ce résultat m'inquiète. Il va falloir *examiner* la question de plus près.
   Il faudra soumettre cette question à . . . sérieux . . .
11 Est-ce que le rôti est cuit?
   Non, le temps de . . . est de trois quarts d'heure.
12 Je me plais dans ce travail, mais je ne *gagne* pas beaucoup d'argent.
   Mon . . . est médiocre.

II-11

1 Il m'a entendu *appeler*.
   Il est accouru sur . . .
2 L'infirmière m'a *pris* un peu de sang pour faire une analyse.
   L'infirmière m'a fait . . . de sang.
3 Les étudiants ont décidé de faire grève et d'*occuper* les locaux.
   Les étudiants ont décidé une grève avec . . . des locaux.
4 Nous avons été *récompensés* de nos efforts par ce résultat magnifique.
   Ce résultat est notre . . .
5 Nous ne savons pas d'où *provient* cette nouvelle.
   . . . de cette nouvelle nous est inconnu . . .
6 J'ai *pressenti* qu'il allait revenir ce jour-là.
   J'en ai eu . . .
7 Il serait étonnant qu'on *supprime* les examens.
   . . . des examens étonnerait tout le monde.
8 Le témoin a *révélé* qu'on lui avait offert beaucoup d'argent pour qu'il se taise.
   . . . a fait sensation.
9 Il paraît que plusieurs provinces se *sont soulevées* contre le régime.
   . . . a été réprimé . . . sévèrement.
10 Avant de croire ce qu'il dit, il faut le *vérifier*.
   . . . est nécessaire.
11 Ma grand-mère a été *enterrée* dans son village natal.
   Je ne me souviens pas de . . ., car j'étais encore petite.

12 Vous avez tout pour être heureux et vous ne faites que *vous plaindre.*
   Nous n'entendons que . . .

II-12   *Quelle est la qualité de celui qui est:*

1 aimable
2 audacieux
3 ferme
4 habile
5 original
6 vif
7 gentil
8 sincère
9 bon
10 doux

II-13   *Quel est le défaut de celui qui est:*

1 imprudent
2 lâche
3 bête
4 méchant
5 envieux
6 gourmand
7 faible
8 paresseux

II-14   *Quelle est l'attitude de celui qui est:*

1 impatient
2 ingrat
3 insolent
4 grave
5 hostile
6 indifférent
7 soumis

II-15   *Quel est l'état de celui qui est:*

1 inquiet
2 seul
3 incertain
4 coupable
5 calme
6 satisfait
7 mécontent
8 supérieur

9 inférieur
10 amer
11 soulagé
12 triste
13 surmené
14 épuisé
15 excité
16 tendu
17 abattu

II-16   Poids et mesures.

1 Est-ce que la rivière est large? – Oui, ... est de 20 mètres.
2 Est-ce que son discours a été bref? – Oui, son discours nous a étonnés par ...
3 Est-ce que la caisse est lourde? – Oui, ... est de 50 kg.
4 Est-ce que la voiture est trop longue pour entrer dans le garage? – Oui, ... est de 4 m 50.
5 Est-ce que la tour est haute? – Oui, ... est de 60 m.
6 Est-ce que ces rideaux sont trop courts pour les fenêtres du salon? – Oui, ... est de 1 m 30 et les fenêtres sont hautes de 2 m.
7 Est-ce que cette montagne est haute? – Oui, elle a ... de 3 000 mètres.
8 Est-ce que le lac est profond? – Oui, ... est de 20 m à certains endroits.
9 Combien d'eau contient la bouteille? – ... est de deux litres.
10 Est-ce que cette voiture est trop lente pour toi? – Oui, ... maximal ... est de 120 km à l'heure.
11 Combien d'or y a-t-il dans ces pièces de monnaie? – ... en or est de 60 %.
12 Est-ce que votre nouvelle maison est grande? – Non, ... est de 50 m².
13 ... du cercle est égal ... au produit du diamètre par pi.
14 Est-ce que la planche est assez épaisse? – Oui, ... est de deux centimètres.

II-17   Quel temps fait-il?

1 Est-ce qu'il fera chaud? – Oui, la météo annonce ... gros ...
2 Est-ce que le brouillard est dense? – Oui, ... du brouillard gêne la circulation.
3 Est-ce que le temps est humide? – Oui, à cause de ... beaucoup de gens souffrent de rhumatismes.
4 Est-ce qu'il fait clair? – Oui, à cette heure-ci en été le ciel est de ... merveilleux ...
5 Est-ce que le temps est sec? – Oui, la récolte risque de se perdre à cause de ...... continuel...

II-18[++] *Trouvez le substantif qui correspond à l'adjectif en italique.*

1 Il est très *naif;* . . . est incroyable.
2 Il est très *lent;* . . . m'irrite.
3 Il est *sensible;* . . . le rend vulnérable.
4 Il a le jugement très *fin.* Il juge avec beaucoup de . . .
5 Elle est très *indépendante.* Elle a trouvé . . .
6 Elle a été très *sage.* Elle est de . . . exemplaire.
7 Elle veut être *libre.* Elle réclame . . .
8 Il est très *vigoureux.* Il a . . . de la jeunesse.

II-19[++]
1 Le pays est très *prospère.* Il doit . . . au travail de ses habitants.
2 Notre maison est *proche* de la mer. Grâce à . . . de la mer nous nous baignons presque tous les jours.
3 Le style de cet auteur est très *sobre.* Son style est remarquable par . . .
4 La maison sera *vide* sans les enfants. Ils laisseront . . . grand. . . . . .
5 Tu crois qu'il est *nécessaire* de répondre à cette lettre? – Oui, c'est . . . absolu. . . .
6 Est-ce qu'il est déjà *majeur?* – Non, il atteindra . . . le mois prochain.
7 Heureusement qu'il a été *curieux;* . . . l'a sauvé.
8 Notre chef est très *humain* avec ses employés. Il les traite avec . . .

II-20[++]
1 Ceux qui font la *grève* sont des . . .
2 Ceux qui cultivent la *vigne* sont des . . .
3 Ceux qui vivent en *esclavage* sont des . . .
4 Celui qui fonde une *entreprise* est . . .
5 Celui qui raconte des *mensonges* est . . .
6 Celui qui tient les *comptes* dans une entreprise est . . .
7 J'ai *environ dix* œufs. J'en ai . . .
8 Elle a *environ vingt* ans. Elle a . . . d'années.
9 Le *marchand* de tissus expose . . . dans la vitrine.
10 Le chien porte . . . autour de son *cou.*
11 Quand je reste assis trop longtemps sur une chaise sans . . ., j'ai mal au *dos.*
12 Les *cloches* de l'église se trouvent en haut . . .

III-1 *Remplacez les mots en italique par un synonyme.*

1 Dans la salle de réception du château on trouve plusieurs *peintures* du XVIIIe siècle.
2 On se demande quels sont les *motifs* de son opposition.
3 Je me souviens encore du *commencement* de cette histoire, mais j'en ai oublié la fin.
4 On recherche toujours l'auteur du *meurtre* qui a été commis rue Dufour.

5 Il avait tracé un *trait* vertical au tableau, où il avait écrit à gauche les mots masculins et à droite les mots féminins.
6 Un agent de police se tenait en faction à l'*angle* de la rue.
7 Le public écoutait la conférence avec *intérêt*.
8 Il m'a fait tout à l'heure une *réflexion* très désagréable.
9 L'*accroissement* de la production a permis de nouveaux investissements.
10 Quel *emploi* peut-on faire de cet outil?
11 Cette nuit, le renard est venu dans le jardin. Nous avons reconnu ses *empreintes* dans la neige.
12 Va te laver la *figure*. Tu es tout barbouillé de chocolat.

assassinat (m), attention (f), augmentation (f), coin (m), début (m), ligne (f), raison (f), remarque (f), tableau (m), trace (f), usage (m), visage (m).

III-2

1 Il a plusieurs *inventions* pratiques à son nom.
2 Il se mêle de tout; pourtant on ne lui a pas demandé son *opinion*.
3 Nous avons hésité pendant trop longtemps déjà: il est grand temps de prendre une *résolution*.
4 Quand on a besoin de *secours*, on ne doit pas être trop fier pour en demander.
5 En entrant, j'ai vu à leurs mines qu'ils venaient d'avoir une *dispute* violente.
6 Ce gouvernement sera jugé sur les résultats qu'il obtiendra dans le *combat* contre l'inflation.
7 J'ai voulu t'aider. Mon *dessein* n'etait pas de te rendre le choix plus difficile.
8 J'ai eu l'impression de ne pas être le bienvenu, car dès l'entrée elle m'a demandé quel était l'*objet* de ma visite.
9 L'orage approchait. Nous nous sommes dépêchés de trouver un *refuge*.
10 Je crois qu'il faut s'y prendre d'une autre *façon*.
11 Nous avons passé un mauvais moment, mais maintenant le bateau est hors de *péril*.
12 Après plusieurs *tentatives* nous avons dû reconnaître qu'il valait mieux abandonner le projet.
13 Le *travail* de médecin demande de grands dons psychologiques.
14 Nous avons obtenu l'*autorisation* de prendre des photos.

abri (m), aide (f), avis (m), but (m), danger (m), décision (f), découverte (f), essai (m), intention (f), lutte (f), manière (f), permission (f), profession (f), querelle (f).

III-3

1 Il a eu la *veine* de trouver cette place!
2 Ma profession a le grand *inconvénient* de m'éloigner trop souvent de ma famille.
3 Il a pris le *virage* trop rapidement et s'est écrasé contre un arbre.

4 La maladie de mon mari m'a causé de graves *préoccupations*.
5 On annonce pour cette année une très bonne *moisson*.
6 L'année dernière, ce commerçant a réalisé d'importants *bénéfices*.
7 Au milieu du désert on a découvert les *vestiges* d'un palais.
8 Les *détenus* se sont révoltés contre le régime trop sévère de la prison.
9 J'ai lu l'annonce de son *décès* dans le journal d'hier.
10 La sécheresse de ces dernières années est un *désastre* pour la population déjà sous-alimentée.
11 Tu as mal à la tête. Voici un *cachet* d'aspirine.
12 Dans un article devenu célèbre, cet homme d'Etat a exposé ses *conceptions* politiques.
13 Nous sommes entrés dans la propriété privée en grimpant par-dessus la *clôture*.

barrière (f), catastrophe (f), chance (f), comprimé (m), désavantage (m), idée (f), mort (f), prisonnier (m), profit (m), récolte (f), reste (m), souci (m), tournant (m).

III-4++ *Choisissez le mot qui convient le mieux.*

1 *pays (m), campagne (f)*
a Dans quel . . . . . . êtes-vous né?
b Quand j'aurai 65 ans, j'irai habiter ma petite maison de . . .
c J'ai envie de faire une promenade pour prendre un peu de . . .
2 *morceau (m), pièce (f)*
a Ma mère m'a donné une tablette de chocolat. Tu en veux . . .?
b Ce soir, on joue . . . de théâtre de Molière.
c Le miroir tomba par terre et se brisa en mille . . .
d Les pamplemousses coûtent 2 francs le kilo ou 75 centimes . . .
e Tu sais jouer du piano? Joue-moi . . .
3 *jour (m), journée (f)*
a Tous (toutes) les . . . je fais une promenade de deux heures.
b Hier, il a plu tout . . . l . . . . . .
c Revenez un . . . autre . . .; aujourd'hui je n'ai pas le temps.
d Nous avons eu du beau temps. C'était un . . . beau (belle) . . .
4 *soir (m), soirée (f)*
a J'ai passé . . . chez des amis.
b Tous (toutes) les . . . il regarde la télévision.
c Ce (cette) . . . je ne travaillerai pas; nous irons au cinéma.
5 *an (m), année (f)*
a Depuis vingt . . . il vit seul.
b Malgré les difficultés, . . . ont passé vite.
c En Angleterre, . . . scolaire commence vers la mi-septembre.
d Tous (toutes) les . . ., à Pâques, elle vient passer huit jours chez nous.
6 *chambre (f), pièce (f), salle (f)*
a Ma sœur a acheté un appartement de cinq . . .

b   A part . . . de séjour, il y a trois . . . à coucher.
c   . . . à manger est à côté de la cuisine.
d   . . . de bains est trop petite.
e   Quand il y a une épidémie de grippe, . . . d'attente du médecin est pleine.

III-5

1   *armoire (f), placard (m)*
a   Dans notre nouvelle maison il y a beaucoup de . . ., de sorte que nous n'aurons pas besoin d'acheter des . . .
b   Nous avons déplacé . . . à tiroirs. Du salon il (elle) est passé . . . à la salle à manger.

2   *cousin (m), neveu (m)*
a   Le fils de mon frère s'appelle Paul. C'est mon seul . . .
b   Mon . . . Claude est le fils de mon oncle Henri.

3   *mémoire (f), souvenir (m)*
a   Gardez ce livre en . . . de votre ami.
b   Quel est le titre de ce roman? Il ne veut plus me revenir à . . .
c   Je n'ai de la guerre que . . . . . . très vague.
d   On a érigé un monument à . . . des victimes du bombardement.

4   *cheveu (m), poil (m)*
a   Mon père commence à perdre ses . . .; dans quelques années il sera complètement chauve.
b   Quand le chat perd ses . . ., c'est signe de mauvaise santé.
c   Mon grand-père a un grand . . . noir sur le nez.

5   *fleuve (m), rivière (f)*
a   Le Rhin est . . .
b   Le Rhône est . . .
c   La Marne est . . .

6   *verre (m), vitre (f)*
a   Les . . . de mes lunettes sont embué. . .; je ne vois rien.
b   Veux-tu baisser un peu . . .? Il fait trop chaud dans la voiture.
c   Attention! C'est . . ., pas du plastique!

7   *plan (m), projet (m)*
a   Ils se sont connus en juin et ils font déjà des . . . de mariage.
b   Le Conseil municipal a approuvé . . . de modernisation présenté par l'adjoint.
c   Il n'aime pas partir à l'improviste; il fait toujours . . . de voyage détaillé.

8   *demande (f), question (f)*
a   Cet hiver les gens ont acheté beaucoup de fuel.
    On n'a pas pu satisfaire toutes les . . .
b   Le catalogue des prix vous sera envoyé sur simple . . .
c   C'est une . . . à laquelle je ne peux pas répondre.

9   *chair (f), viande (f)*
a   La . . . de mouton a augmenté d'un franc le kilo.
b   La . . . de la pastèque est rouge.
c   Une épine lui est entrée profondément dans la . . .

10 *sensation (f), sentiment (m)*
a Les ascenseurs me donnent . . . d'étouffement.
b La jalousie est . . . que la plupart des gens connaissent bien.
c Quand j'ai regardé en bas, j'ai eu . . . de vertige.
d Quand il m'a dit cela, j'ai eu . . . qu'il n'était pas sincère.

11 *mot (m), parole (f)*
a A votre place j'emploierais . . . autre . . . pour décrire la situation.
b Quand tous les invités étaient là, le maître de maison a prononcé
   quelques . . . de bienvenue.
c Il ne me laisse jamais finir ma phrase; à chaque fois il me coupe
   . . .
d J'aime beaucoup cette chanson bien que je n'en comprenne
   pas les . . .

12 *signal (m), signe (m)*
a Il n'a pas encore donné de réponse? C'est mauvais . . .
b Quand le vent tourne à l'Ouest, c'est souvent . . . de pluie.
c L'employé a donné un coup de sifflet: c'est le . . . de départ du
   train.

13 *langage (m), langue (f)*
a Elle est Roumaine, lui est Allemand; leur . . . commun . . . est
   le français.
b Quel est . . . cynique! Modérez-vous un peu.
c Ce savant s'est rendu célèbre par ses recherches sur . . . des
   abeilles.

14 *heure (f), temps (m)*
a Ne soyez pas en retard; le conférencier a l'habitude de commencer
   juste à . . .
b Elle est venue juste à . . . pour nous dire au revoir.
c Ma montre s'est arrêtée. Avez-vous . . . ?
d Je voudrais vous parler. Est-ce que vous avez . . . de m'écouter?

15 *bonheur (m), chance (f)*
a J'ai eu beaucoup de . . . de retrouver mon passeport!
b Nous avons eu . . . de le voir complètement guéri.
c . . . a voulu que nous nous soyons rencontrés au bon moment.

16 *soin (m), souci (m)*
a Pendant les vacances je lui ai confié . . . de mes chats.
b En regardant les détails, on voit qu'elle a travaillé avec . . .
c Il vaut mieux ne pas le déranger. En ce moment il a de graves . . .

17 *cours (m), marche (f)*
a A la hauteur de Valence, . . . du Rhône est très rapide.
b On n'a pas encore trouvé l'auteur de l'attentat. L'enquête suit . . .
c Ma montre retarde. Je dois en faire régler . . .

III-6++ 1 *endroit (m), lieu (m), place (f)*
a Ce tombeau est . . . de pèlerinage musulman.
b A . . . se trouvait autrefois une chapelle.
c Veuillez remettre les livres à leur . . . après lecture.
d Il doit avoir une pierre à . . . du cœur!

2   *défaut (m), erreur (f), faute (f)*
a   Vous avez fait . . . de prononciation; à la fin de ce mot le *s* ne se prononce pas.
b   Etes-vous bien sûr que c'est lui qui a téléphoné? — Oui, je l'ai reconnu; il a . . . de prononciation.
c   En ne m'avertissant pas, vous avez commis un . . . grave . . .
d   Ce n'est pas étonnant que tu ne puisses pas résoudre ton problème. J'ai découvert . . . dans ton calcul.
e   Les verres à vin qui ont un . . . petit . . . . . . sont vendus à moitié prix.
3   *chaussée (f), chemin (m), route (f), voie (f)*
a   . . . plus court . . . pour revenir au village passe par la forêt.
b   La construction d'un . . . . . . à travers les montagnes a coûté beaucoup d'argent.
c   Dans les gares on peut lire l'avertissement: Défense de traverser . . .
d   Les marchandises ont été expédiées par . . . maritime.
e   Au bord de . . . on lit souvent le panneau: Attention! . . . déformé . . .
4   *cloche (f), horloge (f), montre (f), pendule (f)*
a   Il est 5 heures à . . . de la gare.
b   On a sonné . . . de l'église en honneur du visiteur illustre.
c   Nous avons chez nous . . . Louis XVI; elle se trouve sur la cheminée.
d   J'ai perdu . . . Le bracelet s'est cassé sans doute.
5   *station (f), gare (f), arrêt (m), terminus (m)*
a   Le train s'est arrêté pendant vingt minutes dans . . . de Dijon.
b   Le métro était si bondé que je suis descendu à . . . suivant . . .
c   Au bout de la rue vous trouverez . . . de l'autobus 27.
d   Vous prenez l'autobus 16 jusqu'à . . .; ensuite c'est encore cinq minutes de marche.
6   *bec (m), bouche (f), gueule (f)*
a   Le loup a ouvert . . . et a mangé le petit Chaperon Rouge.
b   Le merle a . . . jaune.
c   L'argent, l'argent, tu n'as que ce mot à . . .!
7   *lanterne (f), phare (m), torche (f), réverbère (m)*
a   Notre rue est mal éclairée. Il n'y a pas assez de . . .
b   A dix heures du soir, il y a eu une panne d'électricité. Heureusement que j'avais . . .
c   Les . . . d'une voiture venant en sens inverse m'ont ébloui.
d   Il habite la maison qui a . . . en fer forgé au-dessus de la porte.
8   *personnage (m), personnalité (f), personne (f)*
a   Le Père Goriot est . . . de "la Comédie Humaine" de Balzac.
b   Ma nièce a quatre ans, mais on voit déjà qu'elle a beaucoup de . . .
c   Je critique ce qu'il a fait, tout en aimant . . .
d   Staline a été l'objet d'un culte de . . .

III-7[++] *Beaucoup de mots peuvent être employés dans des acceptions différentes. Recopiez telles quelles les phrases des exercices III-7 et 8 en mettant entre parenthèses à la fin de chaque phrase le mot qui rend mieux le sens du mot en italiques.*

1 *accord* – convention (f), harmonie (f), traité (m)
a L'architecture de ces villages est merveilleusement en *accord* avec le paysage.
b Les pays présents à la réunion ont signé un *accord* sur l'arrêt des hostilités.
c Les syndicats et les patrons ont signé un *accord* sur les conditions de travail.

2 *suite* – conséquence (f), continuation (f), série (f)
a Vous trouverez la *suite* de la liste à la page suivante.
b La vie de cet homme a été une *suite* d'aventures.
c Il est mort des *suites* d'un accident de voiture.

3 *action* – acte (m), effet (m), part (f) (dans une entreprise.)
a Elle a été mal récompensée pour son *action* courageuse.
b L'*action* du médicament a été immédiate.
c Ma tante possède plusieurs *actions* d'une Compagnie pétrolière.

4 *somme* – montant (m), total (m)
a La *somme* de 4 et 5 donne 9.
b Quelle est la *somme* que vous voulez dépenser pour l'achat d'un tourne-disque?

5 *congé* – démission (f), vacances (f. pl.)
a Je suis en *congé;* j'aurai donc tout le temps de me consacrer à mes occupations favorites.
b Le cuisinier a demandé son *congé* parce qu'il ne se plaisait plus dans ce restaurant.

6 *terme* – fin (f), mot (m)
a Je crois que nous sommes arrivés au *terme* de nos difficultés,
b Il emploie des *termes* qu'il ne comprend pas.

7 *limite* – borne (f), frontière (f)
a Le Rhin forme la *limite* entre la France et l'Allemagne.
b Il y a des *limites* à ma patience.

8 *parfum* – odeur (f), goût (m)
a Le *parfum* des roses embaumait les jardins.
b Une glace, s'il vous plaît. – A quel *parfum*, mademoiselle?

9 *démarche* – allure (f), intervention (f)
a On le reconnaît à sa *démarche;* il boite un peu.
b Il m'a demandé de faire une *démarche* auprès de mes amis influents pour avoir ce poste.

II-8 *Même exercice.*

1 *sens* – direction (f), signification (f)
a En allant toujours dans le même *sens*, vous arriverez à Itteville.
b Le *sens* de ses paroles m'a échappé d'abord.

2 *épreuve – chagrin (m), examen (m)*
a Nous passerons l'*épreuve* écrite dans un mois.
b La mort de son fils a été pour elle une grande *épreuve*.
3 *note – "appréciation (f) en chiffres", compte (m), "remarque (f) écrite"*
a Sur la *note* on avait oublié de marquer le petit déjeuner.
b Il assiste à tous les cours, mais il ne prend jamais de *notes*.
c Il est difficile de donner une *note* à un travail à moitié terminé.
4 *course – commission (f), "compétition (f) sportive"*
a La *course* a été gagnée par un cycliste italien.
b Comme ma mère travaille aussi, nous faisons les *courses* à tour de rôle.
5 *cause – cas (m), origine (f)*
a L'accident d'avion a fait trente morts. On ne connaît toujours pas la *cause* de la catastrophe.
b C'est une étudiante très sérieuse. Elle mérite qu'on s'intéresse à sa *cause*.
6 *cours – déroulement (m), leçon (f)*
a Nous ne voulons pas troubler le *cours* habituel des affaires.
b Le nouveau professeur a donné son premier *cours* dans la grande salle.
7 *correspondance – échange (m) de lettres, "relation (f) entre deux véhicules"*
a J'ai entretenu avec mon ancien voisin une *correspondance* assez suivie.
b Son train a eu du retard de sorte qu'elle a manqué à Dijon la *correspondance* pour Marseille.
8 *pile – "appareil (m) donnant de l'énergie électrique", tas (m)*
a Je dois songer à acheter des *piles* pour mon transistor.
b Il n'y a plus de place dans ma bibliothèque. Sur le sol il y a toute une *pile* de livres.
9 *réveil – "moment (m) où l'on s'éveille", "petite pendule qu'on fait sonner"*
a A mon *réveil* je me suis rappelé que j'avais oublié de téléphoner à mon ami.
b J'ai dormi trop longtemps parce que je n'ai pas entendu le *réveil*.
10 *recette – "argent (m) reçu", "formule (f) de préparation"*
a Le commerçant fait tous les soirs le compte de ses *recettes* et dépenses.
b Veux-tu me donner la *recette* de ce gâteau délicieux que nous avons mangé chez toi?

IV-1

Trouvez le contraire du mot en italique.

1 A l'*entrée* j'avais encore mon portefeuille; à . . . je ne l'avais plus. On a dû me le voler.
2 Nous avons fait une très belle promenade en montagne. Pendant la *montée* il a fait beau; pendant . . . il y a eu des nuages.
3 Au *départ* de Paris le train était bondé; à . . . à Lyon il était à moitié vide.

4 Les heures d'*ouverture* du bureau sont affichées à la porte. Pendant les heures de . . . s'adresser au concierge.
5 Au *soleil* il fait 32 degrés, à . . . il fait 27.
6 Dites-moi maintenant la *vérité;* j'en ai assez d'écouter vos . . .
7 Tu trouveras facilement un emploi: en ce moment les *offres* d'emploi dépassent . . .
8 C'est une histoire de *vie* et de . . .
9 Il faut trouver un équilibre entre le temps consacré au *travail* et celui accordé à . . .
10 Le *danger* est passé; vous êtes en . . .
11 La *construction* de ce temple avait duré des années. Pendant la guerre il a été bombardé: . . . a été total . . .
12 Ses brèves *apparitions* étaient suivies par des . . . mystérieux . . .: pendant des semaines on ne le revoyait plus.
13 Quand je te demande de me venir me voir, ce n'est pas un *ordre;* c'est . . .
14 Il y a eu un accident au rond-point. La police essaie d'établir lequel des deux automobilistes est dans son *droit* et lequel dans . . .
15 Tu as *raison* de te plaindre et lui a . . . de se taire.

arrivée (f), demande (f), descente (f), destruction (f), disparition (f), fermeture (f), loisirs (m.pl.), mensonge (m), mort (f), ombre (f), prière (f), sécurité (f), sortie (f), tort (m), tort (m).

V-2 *Mettez dans la deuxième partie des phrases le mot qui exprime le contraire du mot en italique.*

1 J'ai eu beaucoup de *doutes* sur sa sincérité et plus tard j'ai eu . . . qu'il m'avait menti en effet.
2 Combien vaut cette maison? – A l'achat il y a 3 ans £12 à . . . cette année £15 00, j'espère!
3 Presque toutes les compagnies pétrolières ont décidé une *hausse* du prix de l'essence. Une seule compagnie a annoncé . . .
4 Qu'est-ce que vous préférez: une *augmentation* des salaires ou . . . des heures de travail?
5 Je suis incapable de travailler au milieu du *bruit;* j'ai besoin de . . . pour travailler.
6 Avant le départ du train une grande *agitation* règne sur le quai. Quand le train est parti, . . . revient.
7 Notre équipe de basket a remporté une brillante *victoire*. Cela nous a remonté le moral après cette série de . . .
8 On m'a demandé d'être trésorier du cercle sportif. Il faudra tenir le livre de comptes où il faut marquer toutes les *recettes* et . . .
9 Antoine est plus fort à l'*attaque* qu'à . . . C'est pourquoi il a été placé à l'avant-centre.
10 A Birmingham la nouvelle pièce de théâtre de Harold Pinter a été accueillie avec *enthousiasme*, à Londres avec . . .

11 Après cette série de *succès*, son/sa premier . . . . . . a été un coup dur pour lui.

12 Il a été très choqué par les *reproches* de ses collègues, car il croit qu'il ne mérite que des . . .

13 En *apparence* il vous déteste; en . . il vous aime beaucoup.

14 S'il n'y avait pas de *règle*, il n'y aurait pas de . . .

absence (f), baisse (f), calme (m), certitude (f), défaite (f), défense (f), dépense (f), échec (m), éloge (m), exception (f), indifférence (f), réalité (f), réduction (f), silence (m), vente (f).

IV-3 Ayez l'esprit de contradiction!

1 Leur *ressemblance* est frappante, n'est-ce pas? Au contraire, moi je trouve qu'il y a entre eux un . . . énorme . . .

2 Je trouve qu'il a beaucoup de *qualités*. — Comment peux-tu dire cela, moi je ne lui trouve que . . .

3 Il me semble qu'il vous a parlé avec beaucoup de *respect*. — C'est tout à fait impossible; je crois qu'il n'a pour moi que . . .

4 Ce que j'aime surtout chez Guy, c'est sa *sincérité!* — Vous vous trompez, ce n'est que . . . .

5 J'ai en lui une *confiance* sans bornes. — Tu ferais mieux de garder un peu de . . . à son égard.

6 J'ai toujours cru en son *innocence*. — Pour moi, je n'ai jamais douté de . . .

7 Moi, je crois qu'on peut réaliser des changements par l'*évolution*. — Moi, je ne crois qu'à . . .

8 Tu crois qu'il l'a fait par *lâcheté*? — Au contraire, je trouve qu'il a fait preuve de . . . en faisant cela.

courage (m), culpabilité (f), défaut (m), différence (f), hypocrisie (f), méfiance (f), mépris (m), révolution (f).

IV-4

1 Après des années d'*abondance*, il nous faudra maintenant nous habituer à une période de . . .

2 Il manque d'*assurance;* . . . le gêne beaucoup.

3 En passant par la route tu feras un grand *détour;* je connais . . . par la forêt.

4 J'aime la *compagnie*, mais parfois j'ai besoin de . . .

5 Un *amour* passionné peut se changer en . . . féroce.

6 Hervé est sans cesse en *mouvement*. Rarement on le trouve en . . .

7 La veuve de l'écrivain nous a donné l'*autorisation* de publier les œuvres posthumes, mais elle maintient . . . de publier la correspondance et le journal.

8 L'année dernière la société a subi des *pertes* importantes. Heureusement elle a réalisé de gros . . . . . . cette année-ci.

9 Après une *résistance* longue et désespérée, nous nous sommes décidés à . . .

10 Nos *adversaires* sont nombreux, nos . . . sont faibles.

11 En disant cela, j'ai voulu te faire un *compliment;* ce n'était pas . . .
12 Il nous a accordé son *pardon.* Il a abandonné son idée de . . .
13 Tout cela, c'est du *passé;* il faut maintenant penser à . . . .
14 Gardons le juste *nécessaire,* laissons . . .
15 Ces dernières années on avait réalisé de grands *progrès* dans l'unification de l'Europe. La crise récente signifie un . . . . . . très net . . .

allié (m), avenir (m), capitulation (f), critique (f), défense (f),
haine (f), profit (m), raccourci (m), recul (m), repos (m), silence (m),
sobriété (f), superflu (m), timidité (f), vengeance (f).

IV-5

De certains mots on peut former le contraire en mettant in-, im-, dé-
ou dès- *devant le mot.*

1 J'ai essayé de l'écouter avec *patience,* mais après quelque temps je n'ai plus été capable de cacher . . .
2 La course à l'*armement* nucléaire constitue un danger pour l'humanité. Depuis des années déjà on essaie de se mettre d'accord sur une forme de . . .
3 La *prudence* est conseillée dans ces cas-là. Par . . . on pourrait tout gâcher.
4 Nous avons la *certitude* qu'il acceptera notre invitation. Quant aux autres, nous sommes encore dans . . .
5 Il faut garder l'*espoir* que vous surmonterez cet obstacle. Essayez de ne pas vous abandonner à . . .
6 Les très jeunes enfants sont dans la *dépendance* totale de leurs parents. Peu à peu ils gagneront leur . . .
7 L'*équilibre* des forces maintient la paix; . . . peut provoquer un conflit.
8 D'habitude le directeur traite ses gens avec *justice,* mais cette fois-ci nous croyons que . . . a été commis . . .
9 Le père de mon amie Jacqueline est très sévère: il exige l'*obéissance* totale de ses enfants. Il ne tolère pas . . .
10 Nous avions espéré son *approbation* pour nos idées, mais nous avons senti dans ses paroles un . . . . . . total . . .

désapprobation (f), désarmement (m), déséquilibre (m), désespoir
(m), désobéissance (f), impatience (f), imprudence (f), incertitude (f),
indépendance (f), injustice (f).

V-1

*Dans l'exercice suivant il faut employer des mots désignant une
partie du corps pris dans un sens figuré.*

1 Lorsque nous étions montés sur le sommet, nous pouvions voir en bas le village situé à . . . de la montagne.
2 Viens m'aider! J'ai besoin d'un coup de . . .
3 Le soir, vers 7 heures, les Parisiens s'engouffrent dans . . . du Métro pour rentrer chez eux.

4 A . . . d'une entreprise il y a un patron.
5 . . . de l'artichaut en est la partie la plus tendre.
6 L'orange pelée, il n'en restait qu'un tout petit fruit: . . . en était très épais . . .
7 Mon peigne a plusieurs . . . cassé . . .
8 La route fait . . . en contournant la colline.
9 A . . . du chèque il faut répéter la signature.
10 Le centre de la ville est coupé en deux par un . . . grand . . . . . .
11 Voulez-vous un verre de whisky? – Merci, mais ne m'en donnez pas beaucoup, seulement . . .

artère (f), bouche (f), cœur (m), coude (m), dent (f), doigt (m), dos (m), main (f), peau (f), pied (m), tête (f).

V-2 *Employez les mots mis en bas de l'exercice dans un sens figuré.*

1 Par suite des pluies abondantes la rivière est sortie de . . .
2 Les pays situés derrière . . . de fer sont liés par le pacte de Varsovie.
3 Il ne suffit pas de combattre les symptômes; il faut attaquer le mal dans . . .
4 Voulez-vous du lait dans votre thé? – Oui, mais très peu, . . . s'il vous plaît.
5 Si vous voulez en savoir davantage, adressez-vous à lui; c'est un . . . véritable . . . de renseignements.
6 Arrivé à . . . de sa carrière, il a dormi sur ses lauriers.
7 Ecouter de la bonne musique est pour moi . . . de bonheur.
8 Le droit comprend plusieurs . . ., entre autres le droit civil et le droit commercial.
9 Ne cherchez pas plus loin; je crois que j'ai trouvé . . . du mystère.
10 La démission du Premier ministre a provoqué . . . du gouvernement: nous aurons bientôt de nouvelles élections.
11 Son raisonnement a ni queue ni tête. On suit difficilement . . . de ses idées.
12 Il a entrepris des études surtout pour monter dans . . . social . . .

branche (f), chute (f), clef (f), échelle (f), fil (m), lit (m), mine (f), nuage (m), racine (f), rideau (m), sommet (m), source (f).

V-3[++] **Les faux amis.**

Certains mots anglais qui ressemblent beaucoup à des mots français ont un autre sens. Mettez le mot qui convient. Attention: faut-il un article? Si oui, faites le bon choix.

1 *voyage (m), journée (f)*
a Nous avons fait . . . à travers toute la France.
b Nous avons congé le 1er janvier: je resterai au lit tou . . . . . .

2 *cours (m), études (f), stage (m)*
a Je voudrais faire . . . d'un mois à Paris l'année prochaine.
b Dépêche-toi! Sinon tu seras en retard pour . . . de Mme Chaix.

c   Je fais . . . de français au lycée mais je ne parle pas encore très bien.

3   *veste (f), tricot (m), de peau / maillot (m) de corps*
a   Il ne fait pas très froid dehors − je prendrai mon/ma . . . au lieu de mon manteau.
b   Beaucoup de gens ne portent rien sous leurs chemises ou pullovers, mais moi je préfère porter . . .

4   *balance (f), équilibre (m)*
a   J'envie les gymnastes qui arrivent à exécuter des exercices sur la barre fixe sans perdre . . .
b   Quand je fais un gâteau je pèse tous les ingrédients dans . . . de cuisine.

5   *lecture (f), conférence (f)*
a   Quels sont vos passe-temps préférés? − Le cinéma, . . . et la natation.
b   A 17.30 ce soir dans la salle 3 le professeur Merlin fera . . . sur les champignons magiques du Mexique.

6   *relations (f), parents (m)*
a   Il faudra inviter tou . . . . . . au mariage; il y en a bien une vingtaine de ton côté et du mien.
b   Il est évident que . . . entre Geneviève et Alain ne sont pas uniquement celles de bons collègues!

7   *réalisation (f), production (f)*
a   Ce film est . . . de Louis Malle.
b   Toute dégradation dans les conditions économiques du pays a un impact immédiat sur . . . des voitures de luxe.

8   *reste (m), sieste (f), repos (m)*
a   Le médecin m'a dit de prendre beaucoup de . . .
b   De cette pile de vieux livres ces trois m'intéressent, vous pouvez jeter . . .
c   Dans les pays chauds on fait souvent . . . après le repas de midi.

9   *pétrole (m), essence (f)*
a   Il vaut mieux ne pas se fier entièrement aux avantages économiques que nous donnent . . . de la mer du Nord.
b   Après avoir fait 30km avec la voiture de mon frère, j'ai dû m'arrêter pour prendre de . . .

10   *médecin (m), médicament (m)*
a   Je n'aime pas aller chez . . . − il faut attendre au moins une heure avant de le voir.
b   Mon père est allé à la pharmacie acheter tous . . .

11   *change (m), monnaie (f)*
a   Auriez-vous par hasard . . . de 50 pence − je voudrais téléphoner.
b   Pendant la guerre j'ai dû souvent prendre contact avec l'ennemi, mais malgré leurs questions précises je réussissais assez bien à leur donner . . .

12   *librairie (f), bibliothèque (f)*
a   J'ai acheté ce livre de poche et ces cartes postales à . . . en ville.
b   Beaucoup d'étudiants aiment mieux travailler à . . . que chez eux.

44

V-4

Il y a des substantifs qui ne s'emploient qu'au pluriel ou sont d'un emploi plus fréquent au pluriel.
Mettez un mot au pluriel.

1 Paul est mécanicien. Pour aller au garage, il met . . . de travail.
2 . . . du Président de la République sont déterminé. . . par la Constitution.
3 Comme il fallait attendre deux heures la correspondance pour Lyon, j'ai mis . . . à la consigne et je suis allée me promener en ville.
4 Pourquoi est-ce que tous ces . . . sont amassé. . . sur le trottoir?
   – Il y a eu peut-être un accident.
5 Qui doit payer . . . de réparation du toit? Est ce le propriétaire ou le locataire?
6 Passe-moi . . . pour que je découpe cet article de journal qui m'intéresse.
7 Ma tante a accouché de . . ., un garçon et une fille.
8 Hier je t'ai rencontré dans la rue et tu ne m'as même pas reconnu. Je crois que tu as besoin de . . .
9 Mon oncle est anthropologue. Il est parti en Afrique pour étudier . . . et la langue d'un peuple indigène.
10 L'incendie a causé . . . matériel . . . très important. . .
11 Tu peux mettre . . . dans la poubelle qui se trouve dans la cour.

attributions (f), bagages (m), ciseaux (m), dégâts (m), frais (m), gens (m), habits (m), jumeaux (m), lunettes (f), mœurs (m), ordures (f).

V-5

Dans l'exercice suivant chaque mot demandé est employé deux fois, mais dans des sens différents.

1 As-tu de la monnaie? – Non, je n'ai que . . . de 100 francs.
2 Dans quelques minutes le train de Marseille partira de . . . 2. Messieurs les voyageurs, en voiture, s'il vous plaît.
3 Dans notre nouvelle voiture on peut bouger . . .-avant.
4 Je trouve que tu as tort; tu n'as vraiment aucun. . . . . . de te plaindre.
5 Si tu veux, nous irons voir ce film de Bunuel ce soir, mais je n'ai pas le temps de prendre . . . . Pourrais-tu les chercher?
6 Le parti socialiste a perdu trois . . . aux dernières élections.
7 Le salaire que reçoit un fonctionnaire s'appelle . . .
8 L'étage en-dessous de chez nous est habité par un jeune . . . très sympathique qui a deux enfants.
9 Le bateau s'éloignait lentement. Ceux qui étaient restés sur . . . agitaient leur mouchoir.
10 Votre fils a une angine. Je lui prescrirai . . . aux antibiotiques.
11 Il pense toujours à ce projet idiot. Il n'y a pas moyen de le ramener à . . .
12 La vaisselle, la lessive et le repassage font partie des travaux de . . .

billet (m), ménage (m), quai (m), raison (f), siège (m), traitement (m).

V-6[++] *Certains mots ont un sens différent selon qu'ils sont employés au singulier ou au pluriel.*
Mettez le singulier ou le pluriel.

1 *échec (m), échecs (m. pl.)*
a L'expédition était si mal organisée que . . . ne nous a pas du tout étonnés.
b On peut apprendre à un ordinateur à jouer à . . . . Peut-être qu'il pourra même gagner un jour.

2 *science (f), sciences (f. pl.)*
a Je ne suis pas doué pour les langues; je ferai . . .
b Grâce au progrès de . . . médical . . . nous comprenons mieux les causes de cette maladie.

3 *ressource (f), ressources (f. pl.)*
a Pour sauver le malade il n'y avait plus d'autre . . . . . . que de l'opérer.
b Il ne peut se permettre cette vie luxueuse, car il n'a pas de . . .

4 *affaire (f), affaires (f. pl.)*
a Je n'avais pas assez de place dans ma valise. J'ai dû laisser la moitié de . . .
b Il a monté . . . de vêtements orientaux.

5 *papier (m), papiers (m. pl.)*
a Aurais-tu . . . à lettres pour moi. Je voudrais écrire une lettre à mon ami René.
b Ma voiture m'a été volée alors que j'avais laissé bêtement . . . dedans.

6 *étude (f), études (f. pl.)*
a Cet auteur a publié aussi . . . sur Baudelaire.
b Il veut poursuivre . . . aux Etats-Unis.

7 *effet (m), effets (m. pl.)*
a Toutes les mesures qu'on a prises pour combattre l'inflation sont restées sans . . .
b J'ai mis quelque . . . . . . dans mon sac de voyage. Je partirai pour quelques jours.

V-7 *Mots composés.*

1 A ce carrefour dangereux on a aménagé . . . pour faciliter la circulation.
2 En lui faisant cette remarque tu as blessé . . .
3 Je n'aime pas conduire, l'avion me fait peur; je préfère voyager en . . .
4 . . . est bien pratique: on peut y mettre tous ces petits objets dont on a besoin pendant la journée: argent, articles de toilette, clefs, agenda.
5 : Autrefois il fallait laver le linge à la main; maintenant nous avons heureusement des . . .
6 Pour pouvoir envoyer une lettre, il faut mettre l'adresse et coller . . . sur l'enveloppe.
7 Les gros camions transportant des marchandises s'appellent aussi . . .

46

8 Une route à quatre voies pour voitures s'appelle . . .
9 On se lave les dents avec . . .
10 La femme de mon frère est . . .
11 Une création artistique d'une très grande qualité est . . .
12 La ville principale d'un département s'appelle . . .
13 Pour se faire entendre du public dans une grande salle, il faut un micro et . . .
14 . . . est un établissement très vaste où l'on vend toutes sortes d'objets, de la machine à laver jusqu'aux chaussettes.
15 Les pays industrialisés sont obligés d'importer presque tou . . . leur . . . . . .
16 Celui qui parle au nom d'un groupe en est . . .
17 . . . d'une maison se trouve au niveau de la rue.
18 Un bateau qui navigue sous le niveau de l'eau est . . .

amour-propre (m), autoroute (f), belle-sœur (f), brosse à dents (f), chef-lieu (m), chef d'œuvre (m), chemin de fer (m), haut-parleur (m), machine à laver (f), magasin à grande surface (m), matières premières (f. pl.), poids lourd (m), porte-parole (m), rond-point (m), rez-de-chaussée (m), sac à main (m), sous-marin (m), timbre-poste (m).

Le verbe

Attention: Mettez le verbe à la forme et au temps demandés par le contexte.

I-1

Ceint et sauf.

Mettez le verbe qui convient le mieux.

1 Pour apprendre à . . ., il faut s'adresser à une auto-école.
2 Pour faire marcher le moteur, il faut . . . la clef de contact.
3 Si vous voulez . . . la voiture, il faut d'abord débrayer, ensuite . . . en première, enfin embrayer. Alors vous pouvez . . .
4 Contrôlez si vous avez bien . . . votre ceinture de sécurité.
5 Pour tourner à droite ou à gauche, il faut . . . les roues.
6 Pour s'arrêter aux feux rouges, il faut . . .
7 Quand vous allez . . . un camion, regardez s'il ne vient pas de voitures en sens inverse, . . . et après avoir dépassé le camion, . . . la voie droite.
8 Dans les agglomérations il est interdit de . . . sauf en cas d'urgence.
9 Entretenez bien votre voiture: . . . régulièrement la carrosserie, . . . l'intérieur et, de temps à autre, faites . . . le moteur et . . . les pneus quand ils sont usés.
10 En roulant . . . le Code de la Route.
11 Et si vous n'avez pas de voiture, vous pourriez toujours . . .

accélérer, attacher, braquer, changer, conduire, démarrer, doubler, faire de l'autostop, freiner, klaxonner, laver, mettre en marche, nettoyer, passer, reprendre, respecter, réviser, tourner.

I-2

1 Quand on veut . . ., on va chercher un autre appartement.
2 Il faut alors . . . son nouvel appartement: . . . des rideaux et des tapis, . . . des tableaux, . . . des meubles.
3 Quand on . . . un appartement, on paie chaque mois le loyer au propriétaire.
4 Quand on . . . un appartement, on devient propriétaire soi-même.
5 Quand on a besoin d'un cabinet d'études, on peut . . . une pièce à cet effet.
6 De temps à autre on doit . . . la maison: . . . le parquet, . . . les meubles.
7 Quand il fait très chaud, il faut . . . les fleurs de son jardin.
8 Quand il fait noir, il faut . . . les lampes pour . . . les pièces.
9 Quand il fait froid dans la maison, il faut la . . . au charbon, au fuel ou au gaz.

accrocher, acheter, allumer, aménager, arroser, chauffer, cirer, décorer, déménager, disposer, éclairer, frotter, louer, nettoyer, poser.

I-3

A
1 L'abeille . . .
2 Le merle . . . et le rossignol . . .
3 Le chien . . .
4 Le loup . . .
5 Le coq . . .
6 Le serpent . . .

aboyer, bourdonner, chanter, chanter, hurler, siffler, siffler.

B
1 J'entends . . . le réveil.
2 Le plancher . . .
3 L'orage . . .
4 Les balles du fusil . . .

craquer, gronder, siffler, sonner.

C
1 Un homme en colère . . . des dents.
2 Parfois, en dormant, on . . .
3 On vous . . . au téléphone.
4 Le conférencier . . . Blaise Pascal en disant: "Le cœur a ses raisons que la raison ne connaît point."
5 Le blessé . . . de douleur.
6 "Sortez d'ici", . . . le professeur furieux.
7 On . . . un discours.
8 On . . . des vers.
9 On . . . des histoires.
10 Au café, les gens boivent et . . .
11 A l'Opéra on . . .
12 Le bébé . . . quand il a faim.
13 Quand on est enrhumé, on . . . souvent.
14 Ma fille et mon fils . . . souvent.
15 Les victimes . . . au secours.
16 Quand on a mal à la gorge, on . . .

appeler, bavarder, chanter, citer, crier, se disputer, s'écrier, éternuer, grincer, hurler, pleurer, prononcer, raconter, réciter, ronfler, tousser.

I-4

1 Des spécialistes essaient de . . . le tableau qu'un fou a abîmé avec un couteau.
2 Maurice Ravel a . . . "l'Enfant et les sortilèges" vers 1925.
3 Vous pouvez entendre maintenant la 5e symphonie de Beethoven, . . . par l'Orchestre de Paris sous la direction de Jean Fournet.
4 Grâce à la photographie on peut . . . des tableaux qui autrefois n'étaient connus que de quelques personnes.

5   Rembrandt a . . . "La Leçon d'anatomie du docteur Tulp" en 1632.
6   Depuis la fin de 1973, on . . . un grand nombre d'œuvres de Van
    Gogh dans un nouveau musée consacré à ce peintre.
7   Valery Larbaud a . . . des œuvres de Butler, de Conrad et de
    Joyce en français.
8   C'est Antoine Coysevox qui a . . . quelques-unes des statues du
    Jardin de Versailles.
9   En quelle année est-ce que Victor Hugo a . . . "Les
    Misérables"?

composer, écrire, exécuter, exposer, peindre, reproduire, restaurer,
sculpter, traduire.

I-5

1   Lorsque je vais me coucher, je . . . et je . . . un pyjama.
2   Pour le carnaval, je vais . . . en chevalier du moyen âge.
3   Comme j'avais marché dans la boue, je . . . dès que j'étais rentré
    chez moi. Ensuite, j'ai . . . mon pardessus.
4   Quand il fait froid dehors, je prends soin de bien . . . mon
    manteau.
5   Le matin, je . . . et quand je sors je . . . un chapeau et un manteau.
6   Je n'aime pas les chaussures neuves, car elles me . . . les pieds.
7   Avant de commencer à se battre, les deux hommes . . . leurs
    manches.
8   Il ne faut pas négliger ses vêtements: on doit . . . et . . .
    régulièrement ses chaussures, . . . les vêtements froissés, les . . .
    quand ils sont sales et ne pas les laisser . . ., mais les . . . dans un
    placard.

boutonner, brosser, cirer, se déchausser, se déguiser, se déshabiller,
enlever, s'habiller, laver, mettre, mettre, ranger, repasser, retrousser,
serrer, traîner.

I-6

Remplacez les mots en italique par le verbe qui convient.

1   Nous *monterons à bord du bateau* à six heures.
2   Après un long voyage, je *suis revenu dans* mon pays.
3   L'avion *s'est posé à terre* à minuit trente.
4   Quelqu'un *s'est adressé à moi* dans la rue.
5   L'avion *se lève dans le ciel*.
6   Nous allons *quitter le bateau* à Marseille.

aborder, atterrir, débarquer, décoller, s'embarquer, regagner.

I-7

1   Actuellement on . . . la terre avec des machines, autrefois on
    avait des charrues tirées par des chevaux.
2   Dans le Nord de la France, on . . . des pommes de terre, du blé
    et des betteraves.

3 Les terres du Bassin parisien . . . plus que celles du Massif central.
4 Pour . . . les produits de la terre, il faut attendre qu'ils soient mûrs; pour . . . les fruits et . . . le blé il faut attendre la fin de l'été ou l'automne.
5 Avant de mettre sur le marché leurs produits, les producteurs les . . . selon leur grosseur ou leur poids.
6 Les cultivateurs du Midi de la France . . . souvent quelques hectares seulement.
7 De nos jours, on utilise des machines même pour . . . les vaches.
8 On ne peut pas récolter sans avoir . . .

cueillir, cultiver, exploiter, labourer, moissonner, produire, récolter, semer, traire, trier.

-8
1 Les mineurs descendent dans la mine pour . . . le charbon du sous-sol.
2 Quand un chef d'entreprise a besoin d'ouvriers, il en . . .
3 Heureusement, les chefs d'entreprise n'ont plus le droit de . . . du personnel du jour au lendemain.
4 La machine à vapeur a été . . . en 1780.
5 Dans les hauts fourneaux on . . . le minerai de fer pour en faire de l'acier et de la fonte.
6 Sauriez-vous me nommer quelques sociétés qui . . . des postes de télé, de radio et d'autres appareils électriques?
7 Ces dernières années les Français et les Italiens ont . . . plusieurs usines complètes en Union Soviétique.
8 On essaie de . . . les pays en voie de développement.

embaucher, extraire, fabriquer, industrialiser, inventer, licencier, monter, traiter.

-9
1 On a besoin d'un marteau pour . . . un clou.
2 On a . . . des planches devant la fenêtre dont la vitre était cassée.
3 Le tailleur a . . . le tissu avec des ciseaux.
4 Avant de porter la lettre à la poste, je la . . .
5 On . . . le bois avec une hache.
6 Pour faire une injection, l'infirmière . . . l'aiguille dans la peau.
7 Le sculpteur a . . . la statue dans un bloc de marbre.
8 Après la longue promenade j'avais quelques ampoules que j'ai . . .
9 La sténodactylo . . . les lettres à la machine.
10 En tombant j'ai . . . mon pantalon.
11 Le menuisier . . . les planches sur mesure.

couper, clouer, enfoncer, fendre, percer, piquer, scier, tailler, taper, timbrer, trouer.

I-10

1. Avant de partir en vélo, j'ai . . . les pneus.
2. Voilà une brosse et un peigne: va te . . .
3. Est-ce que vous avez . . . vous-même ce pull en laine?
4. Est-ce que tu as du fil et une aiguille? Je dois . . . les boutons de mon manteau.
5. Hier, elle avait les cheveux blonds; aujourd'hui ils sont roux. Est-ce qu'elle se . . . les cheveux?
6. Sur cette lettre je dois . . . un timbre de 50 centimes.

coiffer, coller, gonfler, recoudre, teindre, tricoter.

Une cause célèbre.

I-11

1. Combien de crimes Landru a-t-il . . . ?
2. Landru a été . . . du meurtre de dix femmes à qui il avait fait des promesses de mariage.
3. Il a été . . . par la police en avril 1919.
4. Landru . . . devant la Cour d'Assises de Versailles le lundi 7 novembre 1921.
5. Il a refusé de . . . qu'il avait assassiné ces dix femmes. Pendant tout le procès il . . . ses crimes.
6. C'est Maître de Mori-Giafferi qui le . . .
7. Le Président du tribunal . . . longuement monsieur Landru et les 150 personnes qu'on a invitées à . . .
8. Selon Maître de Mori-Giafferi le Ministère Public n'a pas pu . . . que Landru a effectivement tué les femmes.
9. Vers la fin du procès, le jury s'est retiré pour . . .
10. Dans la salle d'audiences il y avait des gens qui n'étaient pas convaincus de la culpabilité de Landru; ils espéraient que l'accusé serait . . .
11. Le jury . . . le verdict et Landru . . . à mort par le tribunal.
12. L'avocat a encore . . . la cause de son client auprès du Président de la République.
13. Mais le Président a refusé de . . . la grâce.
14. Le 24 février 1922 à l'aube, Landru a été . . .

accorder, accuser, acquitter, arrêter, avouer, commettre, comparaître, condamner, défendre, délibérer, guillotiner, interroger, nier, plaider, prononcer, prouver, témoigner.

I-12⁺⁺ **Gouverner c'est prévoir.**

1. Dans une monarchie constitutionelle, le roi règne, mais il ne . . . pas.
2. Aux élections présidentielles du 21 décembre 1958 le général de Gaulle a été . . . Président de la République; il a été . . . en 1963

3 Après sa défaite au référendum du 27 avril 1969 le général de Gaulle a . . .
4 En France, c'est le Président de la République qui . . . les réunions du Conseil des ministres.
5 Les députés à l'Assemblée Nationale et les Sénateurs au Sénat . . . les projets de loi.
6 Après les délibérations, on . . .
7 Les parlementaires peuvent . . . le gouvernement en votant une motion de censure.
8 Le Président de la République peut . . . l'Assemblée. Nationale. Dans ce cas il y aura de nouvelles élections.
9 Les députés . . . le peuple; le Premier ministre est . . . par le Président de la République.

discuter, démissionner, désigner, dissoudre, élire, gouverner, présider, réélire, renverser, représenter, voter.

I-13

1 J'ai mis le plat à . . . au four.
2 Il faut mettre le lait dans le réfrigérateur. Autrement il va . . .
3 Si on ne mange pas les pommes aujourd'hui, elles vont . . .
4 Tu es encore en retard. Le dîner a . . .
5 Le poêle fume trop. Le plafond va . . .
6 Ce pull ne me va plus. Ou bien j'ai grandi ou bien le pull a . . .
7 L'automne arrive. Les feuilles . . .
8 Il fait du soleil. La glace va . . .
9 C'est la fin de l'été. Les jours commencent à . . .
10 Il fait très froid. Les canaux . . .
11 Il fait un temps splendide. Les fruits . . . vite.
12 L'enfant bouge déjà dans le ventre de sa mère. Il va . . . dans quelques mois.
13 Les prix continuent à . . . C'est l'inflation.

chauffer, fondre, geler, jaunir, monter, mûrir, naître, noircir, pourrir, raccourcir, refroidir, rétrécir, tourner.

I-14

1 Si vous tombez sur le genou, il peut . . .
2 Si le médecin vous soigne bien, vous allez . . . vite.
3 Si vous lisez trop, votre vue va . . .
4 Vous êtes tout rond. Si vous suivez un régime, vous allez . . .
5 Si vous mangez trop de lard, vous allez sûrement . . .
6 Si vous avez trop de soucis, vos cheveux vont . . .
7 Ce garçon est très timide: il . . . quand on lui adresse la parole.
8 Vous êtes devenu un vrai homme. Comme vous avez . . .
9 Si vous restez longtemps au soleil, vous allez . . .
10 Ça fait dix ans que je n'ai pas vu mon père. Il a dû . . .
11 Vous êtes trop maigre. Si vous voulez . . . vous devriez manger mieux.

12 Si vous restez de longues années à l'étranger, vos habitudes peuvent . . .

baisser, blanchir, bronzer, changer, enfler, engraisser, grandir, grossir, guérir, maigrir, rougir, vieillir.

I-15

1 Dans les grands magasins, on . . . toutes sortes d'objets. Il faut . . . à la caisse.
2 Ce n'est pas à l'école qu'on . . . à parler sa langue maternelle.
3 En France, on peut . . . des timbres-poste dans les bureaux de tabac.
4 Mes parents . . . un appartement, mes beaux-parents une maison individuelle.
5 Il y a des gens qui . . . à l'église et à la mairie.
6 Je . . . dans la chambre à coucher, je . . . dans la salle de bains, je . . . dans un fauteuil, le soir je . . . dans la salle à manger, je . . . la télévision et je . . . mes disques dans le salon, je . . . les repas dans la cuisine.
7 Je vais . . . un appartement dans un grand immeuble.
8 Je n'ai pas envie de faire la cuisine; allons . . . au restaurant.
9 Pour mieux voir les environs, les enfants ont . . . sur un arbre.

acheter, apprendre, s'asseoir, dîner, dormir, écouter, grimper, habiter, se laver, louer, manger, se marier, payer, préparer, regarder, vendre.

I-16

1 Le chauffeur . . . la voiture.
2 L'acteur comique . . . les spectateurs.
3 L'infirmière . . . les malades.
4 L'Angleterre . . . beaucoup de lait.
5 Le mécanicien . . . les voitures qui ne marchent plus.
6 La dactylo . . . les lettres à la machine.
7 Christoph Colomb a . . . l'Amérique en 1492.
8 Quels architectes ont . . . le château de Versailles?
9 Le tribunal . . . les accusés.
10 La banque . . . de l'argent à 8 %.
11 Le chirurgien . . . les patients.
12 En Bretagne on . . . les artichauts.
13 Bach a . . . les concerts brandebourgeois en 1721.
14 Le médecin essaie de . . . ses malades.
15 Le professeur de français . . . la langue et la civilisation françaises.
16 Quand le blé est mûr, les paysans le . . .
17 Le peintre va . . . ses tableaux dans une galerie.
18 En France, les électeurs . . . le dimanche.
19 Luther a . . . la Bible en allemand.
20 Rodin a . . . les bourgeois de Calais entre 1884 et 1889.

21 En Angleterre les chefs des Partis politiques . . . les congrès annuels à Blackpool et à Brighton.
22 L'infirmière a . . . les blessures qui saignaient.

amuser, composer, construire, conduire, cultiver, découvrir, enseigner, exposer, guérir, juger, opérer, panser, présider, prêter, produire, récolter, réparer, sculpter, soigner, taper, traduire, voter.

II-1 Amour, amour, quand tu nous tiens . . .

1 C'est en août 1963 que Pierre . . . la connaissance d'Yvette.
2 Yvette . . . ses vacances dans le même village que Pierre.
3 Il la . . . pour la première fois chez l'épicier où elle . . . son tour.
4 Comme le sac d'Yvette est assez lourd, Pierre lui . . . de le porter pour elle.
5 Pierre . . . Yvette chez elle et en route ils . . . de toutes sortes de choses.
6 Yvette dit à Pierre qu'elle . . . surtout aux mathématiques et à la musique et qu'elle . . . dans une bibliothèque.
7 Pierre à son tour . . . sa vie d'étudiant à Strasbourg où il espère . . . ses études bientôt.
8 Le lendemain Pierre et Yvette . . . et ils . . . leur conversation de la veille.
9 Pendant toutes les vacances ils . . . beaucoup. Parfois ils vont . . . dans le petit lac tout près du village, ils . . . dans les forêts et le soir ils vont . . . dans une discothèque . . . surtout par les jeunes.
10 Yvette a le sentiment d'être . . . amoureuse de Pierre et Pierre se dit sans cesse qu'Yvette lui . . . beaucoup.
11 Les vacances une fois terminées, Pierre et Yvette . . . de se revoir.

attendre, se baigner, continuer, danser, faire, fréquenter, s'intéresser, offrir, parler, passer, plaire, se promener, se promettre, raccompagner, raconter, rencontrer, se revoir, se voir, terminer, tomber, travailler.

II-2

1 Dès son retour à Strasbourg, Pierre . . . une longue lettre à Yvette.
2 Il lui . . . de venir la voir pendant les vacances de Noël à Colmar, où elle . . . avec ses parents.
3 Yvette lui . . . immédiatement. Elle . . . à l'idée de le revoir.
4 D'abord la mère d'Yvette . . . à la venue de Pierre, parce qu'elle . . . que sa fille est encore trop jeune.
5 Son père par contre a des idées plus modernes et il . . . que Pierre pourrait . . . chez eux.
6 Après de longues discussions la mère . . . l'idée de son mari.
7 Yvette écrit donc une lettre où elle . . . Pierre à venir à Colmar.
8 Quand les cours sont terminés, Pierre prépare son voyage: il . . . toute la ville pour chercher des cadeaux de Noël pour Yvette et ses parents, et il . . . ses bagages.

9 Lorsque son train . . . dans la gare de Colmar, il voit déjà les trois personnes qui le . . .
10 Au moment où il . . . du wagon, Yvette . . . et ils . . .
11 La jeune fille . . . son ami à ses parents.
12 Et puis ils . . . dans la voiture de monsieur Blanchard.
13 Comme M. Blanchard . . . vite, ils . . . à la maison des Blanchard en quelques minutes.

accepter, accourir, arriver, attendre, descendre, écrire, s'embrasser, entrer, faire, habiter, inviter, loger, monter, s'opposer, parcourir, présenter, proposer, être ravi, répondre, rouler, suggérer, trouver.

II-3

1 La maison des Blanchard est très bien . . . et elle est . . . d'un grand jardin où Mme Blanchard a . . . des roses et d'autres fleurs.
2 Après avoir . . . le seuil, on . . . dans un grand vestibule, où . . . quatre portes.
3 La porte de gauche est . . . de sorte qu'on peut . . . un coup d'œil à l'intérieur.
4 Les trois autres portes par contre sont . . .
5 Au milieu du vestibule . . . un escalier en bois par lequel on peut . . . au premier étage où . . . la chambre à coucher et la chambre d'amis.
6 Au deuxième étage il y a encore deux autres pièces. Dans l'une d'elles Mme Blanchard a l'habitude de . . . le linge qu'elle vient de . . . et de . . . de la couture.
7 M. Blanchard se retire de temps à autre dans le hangar pour . . . . il fait de petites réparations.
8 Yvette . . . à Pierre la chambre d'amis et elle lui dit où il peut . . . ses affaires.
9 Après ils . . . au rez-de-chaussée et ils . . . les parents d'Yvette dans le salon où ils . . . le café et des gâteaux que la mère d'Yvette a . . . elle-même.
10 En . . . le café, les Blanchard et leur invité . . . ce qu'ils pourraient faire pendant le séjour de Pierre.
11 Enfin ils . . . tout un programme d'activités.

y avoir, boire, bricoler, descendre, discuter de, donner, entourer, entrer, établir, faire, fermer, franchir, jeter, laver, monter, montrer, ouvrir, planter, prendre, préparer, ranger, rejoindre, repasser, situer, se trouver.

II-4

1 Le lendemain matin, Pierre et Yvette . . . la maison de bonne heure pour aller . . . des commissions pour la fête de Noël.
2 M. Blanchard veut bien . . . sa voiture à Pierre, parce que l'autobus qui . . . au centre ne passe que toutes les deux heures.
3 Pierre et Yvette . . . dans la voiture et Pierre . . . le volant. Il . . . la clé de contact, le moteur commence à . . . sans difficultés, puis Pierre . . . , . . . la vitesse et ensuite il fait . . . la voiture.

4   Pierre aime . . . vite. Il . . . donc un grand nombre de voitures et de camions qui . . . moins vite que lui. Heureusement il . . . bien.

5   Mais en arrivant près du centre de Colmar, il doit . . . à cause de la circulation intense. De plus, il y a des feux qui l'obligent parfois à . . . A un moment donné, il doit même . . . brusquement et . . . pour éviter une voiture qui sort tout à coup d'une petite rue à gauche.

6   Dans le centre de Colmar, Pierre cherche longtemps avant de trouver un endroit où . . . la voiture.

7   Pierre et Yvette . . . de la voiture. Pour avoir le droit de . . ., il faut . . . des pièces de monnaie dans le parkomètre.

8   Il y a tant de monde dans la rue qu'il est impossible de . . . tranquillement: on . . . devant les vitrines et on ne peut circuler que très lentement.

9   Pourtant, Pierre et Yvette . . . à trouver ce qu'il leur faut et au bout d'une heure et demie ils . . . la voiture.

10   Comme ils doivent . . . pour rentrer à temps pour le déjeuner, Pierre . . . sur l'accélérateur: il . . . du cent à l'heure. A midi trente ils sont de retour.

aller, appuyer, s'arrêter, se bousculer, braquer, conduire, débrayer, démarrer, se dépêcher, descendre, doubler, faire, faire, freiner, garer, mettre, monter, passer, prendre, prêter, se promener, quitter, ralentir, regagner, réussir, rouler, rouler, stationner, tourner, tourner.

II-5[++]   **Je vais, dans mon ardeur poétique et divine,**
Mettre au rang des beaux-arts celui de la cuisine.

1   Contrairement à la plupart des maris français, M. Blanchard aime aider sa femme à . . . la cuisine.

2   Ce dimanche, Madame et Monsieur . . ., comme d'habitude, ensemble de la préparation du repas.

3   C'est M. Blanchard qui a . . . le menu: soupe à l'oignon, tomates farcies, rôti de porc, choux verts à l'Alsacienne, macédoine de fruits, fromage, café.

4   Monsieur prépare ce qu'il lui faut pour la soupe: il . . . deux tranches de pain, . . . les oignons, . . . de l'huile à chauffer dans une casserole, y . . . les oignons et . . . un litre d'eau, qu'il ajoute aux oignons. Quand la soupe est prête, il la . . . de fromage . . .

5   Entre-temps Madame prépare des tomates . . . au thon: elle . . . du thon avec des oignons qu'elle . . . menus, et avec des fines herbes et de la mayonnaise; elle met cette farce dans les tomates qu'elle a d'abord . . . et qu'elle a . . . pour que le goût ne soit pas trop fade.

6   Monsieur s'occupe du rôti: il le . . . dans un plat, . . . de la graisse sur toute la surface et le saupoudre de sel, de poivre, de thym et de laurier. Il le . . . dans le four.

7   Madame fait bouillir les choux verts pendant 15 minutes. Ensuite elle les . . . de la marmite, les . . . pour qu'ils ne retiennent pas trop d'eau, et puis elle les cuit dans une casserole avec de la graisse.

58

8   Pour la macédoine de fruits on . . . de sucre et de toutes sortes de fruits frais et en conserves. Monsieur . . . pommes, poires, oranges, pamplemousses et bananes et les . . . en morceaux.
9   Ce sont Yvette et Pierre qui . . . la table et qui, après le repas, . . . la vaisselle.

avoir besoin, composer, couper, couper, dresser, égouter, éplucher, éplucher, étaler, évider, faire, faire, faire bouillir, faire cuire, farcir, hacher,mélanger, mettre, mettre, mettre, s'occuper, râper, retirer, saler, saupoudrer.

I-6++

1   L'après-midi, on . . . aux cartes, on . . . la télévision, on . . . la radio et on . . . de tout et de rien.
2   Pierre et Yvette avaient envie de sortir, mais le mauvais temps les en . . .
3   Dès le déjeuner il a commencé à . . . fort, de sorte qu'on risquerait d'être trempé en moins de rien si l'on sortait.
4   De plus, le mauvais temps va . . ., selon la radio. La météo . . . même qu'il va . . . jusqu'à dix degrès et que la neige va . . . à la pluie au cours de la soirée. La radio dit que dans les Vosges il a . . . pendant des heures et que la neige . . . beaucoup la circulation.
5   D'ailleurs, il fait mauvais sur l'ensemble de la France. En Normandie des routes sont . . . à cause de la pluie qui ne cesse de tomber. Dans les Alpes, la neige et le verglas ont . . . quelques routes.
6   Heureusement, le lendemain le temps . . . au beau. Il . . . du soleil, les nuages ont . . ., la température est au-dessus de zéro de sorte que la neige va . . . et les jours à venir . . . beaux.
7   Pierre et Yvette . . . la voiture de papa pour aller faire une promenade en auto.
8   Ils . . . "la Route du vin" qui, en . . . par Turckheim et Ammerschwir, . . . à Kaysersberg et de là à Sigolsheim et Riquewirh.
9   A Kaysersberg ils . . . l'église où ils admirent les belles œuvres d'art qui . . . surtout du XVIe siècle.
10 Yvette explique que Kaysersberg . . . le mont de l'empereur. Elle dit que le nom est bien . . ., parce que les noms de toute une série d'empereurs sont liés à l'histoire du village. Frédéric II par exemple a . . . le village pour le protéger contre les attaques des Lorrains.
11 En fin de matinée, Yvette en Pierre vont . . . dans une auberge alsacienne.

annoncer, s'annoncer, bavarder, choisir, couper, dater, déjeuner, disparaître, durer, écouter, empêcher, emprunter, faire, fondre, fortifier, geler, gêner, inonder, jouer, mener, neiger, passer, pleuvoir, prendre, regarder, se remettre, signifier, succéder, visiter.

II-7

1. Les vacances de Noël passent vite. Comme les cours de Pierre devront . . . dès le 15 janvier, il . . . pour Strasbourg le 4 janvier afin d'avoir le temps de . . . à ses cours.

2. Pendant les mois qui suivent, Pierre n'a . . . pas de beaucoup de temps pour voir Yvette. Il doit en effet se préparer à ses derniers examens qu'il aura à . . . au mois de mai.

3. Jusqu'au jour de son examen Pierre . . . tout son temps à ses études. Il n'a pas peur de . . ., bien qu'il ne soit pas tout à fait rassuré.

4. Les professeurs le . . . longuement sur les relations franco-russes d'avant 1914.

5. Lorsqu'on . . . les résultats des examens, une foule d'étudiants, dont quelques-uns sont . . . de leurs parents, . . . devant le tableau dans le hall de l'université. Le nom de Pierre ne . . . pas parmi les premiers, mais il . . . bien au groupe des candidats . . .

6. Le soir on . . . le succès de Pierre. C'est à cette occasion que Pierre et Yvette . . . qu'ils vont . . .

7. Le 10 août Pierre et Yvette . . . à la mairie de Colmar. Leur voyage de noces les . . . à Ailefroide dans les Alpes.

8. Entre-temps Pierre a été . . . professeur d'histoire au lycée de Pau dans les Basses-Pyrénées, où Yvette a . . . un poste à la bibliothèque municipale.

9. Le jeune couple . . . dans un appartement qu'il a . . . Pierre et Yvette . . . tellement que, quelques années plus tard, Pierre refuse d'être . . . dans sa province natale où l'on lui . . . un poste.

10. Ils achètent une maison individuelle dans un quartier moderne. Comme ils travaillent tous les deux, ils peuvent . . . ce luxe.

11. Après que le père d'Yvette a . . . sa retraite, lui et sa femme . . . à Pau. Leur petit-fils . . . en 1969; il est . . . dans l'église St.-Jacques et ses parents le . . . Henri. Quel autre nom pourrait . . . un professeur d'histoire pour son fils né dans le même ville que Henri IV?

accompagner, afficher, annoncer, appeler, appartenir, baptiser, choisir, consacrer, déménager, disposer, échouer, fêter, se fiancer, figurer, s'installer, interroger, louer, se marier, mener, muter, naître, nommer, s'offrir, passer, s'y plaire, prendre, se préparer, se presser, proposer, recevoir, repartir, reprendre, trouver.

III-1 *Mettez le verbe exprimant le contraire de ce que dit le verbe en italique.*

1. Est-ce que les mauvaises nouvelles vous ont *inquiété?* Alors, je peux vous . . ., le danger est passé.

2. Pourquoi est-ce que vous *cherchez* sa compagnie? Moi, j'essayerais de la . . . autant que possible.

3 Est-ce que vous *aimez* les réunions où il y a beaucoup de monde?
   – Non, je les . . .
4 Je n'aime pas que les gens *soient trop modestes*, mais je n'aime
   pas non plus qu'ils . . . de leurs qualités.
5 Mécontents de l'équipe nationale, les spectateurs ont fini par
   applaudir les adversaires et . . . leur propre équipe.
6 Je ne peux pas lui *pardonner* ce qu'il m'a fait. Je veux
   absolument . . .
7 Pourquoi est-ce qu'on m'*oblige* à faire ce travail? Ne pourrait-on
   pas m'en . . .?
8 Ces deux garçons *sont* très *différents* l'un de l'autre, mais ces
   deux jeunes filles . . . beaucoup.
9 Il est indispensable de bien *distinguer* ces deux notions. Il ne faut
   faut pas les . . .
10 Je sais que Napoléon *est né* en 1769, mais je ne sais pas quand
   il . . . .
11 En 1713 Louis XIV *vivait* encore, mais tous ses enfants légitimes
   . . . déjà.
12 Le gouvernement a décidé d'*augmenter* les salaires et de . . . les
   impôts.
13 Tantôt il parle si bas que je dois *me rapprocher* de lui pour
   l'entendre, tantôt il parle si fort que je dois . . .
14 Les colonels avaient décidé d'*exiler* les anciens ministres, mais
   après la chute du régime on a pu les . . .

confondre, détester, diminuer, dispenser, s'éloigner, éviter, être mort,
mourir, rapatrier, rassurer, se ressembler, siffler, se vanter, se venger.

II-2

Même exercice.

1 Est-ce que vous *savez* quelle est la capitale de la Mandchourie? –
   Non, je le . . .
2 Si la première tentative n'a pas réussi, vous ne devez pas *vous
   décourager;* vous devez . . .
3 Si vous *choisissez* la première solution, vous . . . automatiquement
   la deuxième.
4 Est-ce que vous *acceptez* mon offre ou est-ce que vous la . . .?
5 Dans les sociétés traditionnelles, les uns étaient nés pour
   commander, les autres pour . . .
6 Dans une société bien organisée, la plupart des gens *observent*
   les lois, mais il y en a aussi qui les . . .
7 Notre peuple refuse de *se soumettre* à l'oppresseur, il . . . contre
   l'injustice.
8 Est-ce que le gouvernement a *autorisé* les réfugiés à s'installer
   dans notre pays? – Non, on le leur a . . .
9 La Hollande *dispose* d'importantes réserves de gaz naturel, mais
   elle . . . de pétrole.
10 La maladie qu'il a faite l'a beaucoup *affaibli*, mais un séjour dans
   la montagne va sûrement le . . .

11 Est-ce que vous avez été reçu à l'examen? – Non, j'ai . . .
12 Nous *attaquons* constamment, mais nos adversaires . . . très bien.
13 Avez-vous *atteint* votre but? – Non, je l'ai . . .
14 Est-ce que tu peux me prêter dix florins? – Non, la dernière fois
que tu m'as . . . de l'argent, tu ne me l'as pas rendu.

se défendre, échouer, emprunter, enfreindre, fortifier, ignorer, interdire,
manquer, manquer, persévérer, refuser, rejeter, se révolter, servir.

III-3   *Même exercice.*

1 Ce n'est pas 10 + 2, c'est 10 — 2; il ne faut pas *ajouter*, mais . . .
2 Ce que vous me racontez ne m'*amuse* pas; cela me . . .
3 A cause du bruit je n'ai pas pu *continuer;* j'ai dû . . .
4 L'industrie textile avait tellement *vieilli* qu'il fallait absolument la . . .
5 J'ai bien *posé* la valise sur la banquette; mais quelqu'un l'a
sûrement . . ., parce qu'elle n'y est plus.
6 Est-ce que les deux lignes *sont parallèles?* – Non, elles . . .
7 Tandis que les uns *avançaient*, les autres . . .
8 Cette culture demande qu'on *sème* au printemps et qu'on . . . en
automne.
9 Je ne veux pas *alourdir* davantage votre tâche. Au contraire, je
veux la . . .
10 Est-ce que les troupes ont *résisté* longtemps? – Non, elles ont . . .
immédiatement.
11 Je m'étonne que tu *oublies* les grandes dates historiques et que
tu . . . facilement les résultats des matches de football.
12 Est-ce que le juge a *condamné* l'accusé? – Non, il l'a . . .
13 Est-ce que l'accusé a *avoué?* – Non, il a . . . avoir commis le
crime.
14 Les ouvriers *chargent* les voitures qui vont *partir* et . . . les
camions qui sont . . .
15 Je t'ai bien dit de ne pas laisser l'échelle *couchée* sur le sol, mais
de la . . . contre le mur.

acquitter, alléger, arriver, céder, se croiser, décharger, dresser, enlever,
ennuyer, interrompre, moderniser, nier, récolter, reculer, retenir,
soustraire.

III-4
1 On m'*appelle*, mais on me . . . immédiatement après, sans me
dire pourquoi.
2 D'abord on me demande de *fermer* la fenêtre, ensuite de la . . .
3 D'abord on veut que je *monte*, ensuite que je . . .
4 Hier, le ministre a *confirmé* la nouvelle; ce matin, il l'a . . .
5 Tantôt vous *reconnaissez* que j'ai raison, tantôt vous le . . .
6 Au lieu de *simplifier* les choses, vous les . . .
7 Hier, elle était bien *décidée;* aujourd'hui, elle . . . de nouveau.
8 Tantôt mon père me *permet* de fumer, tantôt il me le . . .
9 Autrefois, ma sœur *soignait* son travail; actuellement, elle le . . .

10 Soyez clair enfin. Est-ce que vous *cédez* votre place ou est-ce que vous la . . .?

11 Est-ce que vous *êtes sérieux* ou est-ce que vous . . .?

12 Qu'est-ce que tu veux enfin? Tantôt tu *ris*, tantôt tu . . .

13 Je trouve inacceptable qu'on *admette* les Blancs et qu'on . . . les Noirs.

14 Au lieu de *punir* ce garçon, on le . . .

15 Au bureau vous *flattez* votre chef, mais, chez vous, vous . . . de lui.

16 Vous dites que vous *respectez* cet homme, mais vos actions prouvent que vous le . . .

17 Si vous continuez à m'embêter, je ne *reste* pas: je . . .

s'en aller, compliquer, contester, défendre, démentir, descendre, garder, hésiter, médire, mépriser, négliger, ouvrir, plaisanter, pleurer, récompenser, refuser, renvoyer.

II-5

1 Est-ce que je dois *allumer* le gaz ou le . . .?

2 Est-ce que vous *achetez* des voitures ou est-ce que vous en . . .?

3 Est-ce que votre montre *avance* ou est-ce qu'elle . . .?

4 Est-ce qu'il faut *rester debout* ou peut-on . . .?

5 Est-ce que tu as *baissé* les stores? – Veux-tu que je les . . . pour que le soleil entre dans la pièce?

6 Est-ce que vous devez encore *commencer* votre travail ou est-ce que vous l'avez déjà . . .?

7 A quelle heure est-ce que vous *vous êtes couché* et à quelle heure est-ce que vous . . .?

8 Au moment où tu as vu ton frère, est-ce qu'il *sortait* du cinéma ou est-ce qu'il y . . .?

9 Pour ouvrir la porte ne *tirez* pas, mais . . .

10 La Grande Bretagne doit-elle *importer* des matières premières ou est-ce qu'elle peut en . . .?

11 Est-ce qu'il nous faut *parler* ou vaut-il mieux . . .?

12 Dois-je *monter* la valise au grenier ou bien la . . . dans la cave?

13 Est-ce que tu as *gagné* ou . . .?

s'asseoir, descendre, entrer, éteindre, exporter, se lever, perdre, pousser, relever, retarder, se taire, terminer, vendre.

II-6 **La réponse est négative.**

1 Est-ce vous qui avez *trahi* le secret? – Non, ce n'est pas moi. Je sais très bien . . . un secret.

2 Est-ce que vous *avez besoin de* ces livres? – Non, je peux très bien . . . ces livres.

3 Est-ce que vous *voyez* Marie-France souvent? – Oh non, je . . . cette fille autant que possible.

4 Est-ce que vous *voyez* encore votre ami Hervé de temps à autre? – Non, je l'ai complètement . . .

5 Est-ce que votre livre *est* déjà *prêt?* – Non, je ne l'ai pas encore
. . .
6 Est-ce que votre sœur a *tenu* sa promesse? – Non, elle a . . . sa
promesse.
7 Dites-moi: est-ce que votre frère *est* encore *célibataire?* – Non, il
. . . l'année dernière.
8 Est-ce que le conférencier avait bien *préparé* sa causerie? – Non,
il l'a . . .
9 Et vous *êtes resté là à regarder* ces pauvres gens? – Non, j'ai . . .
les yeux.
10 Est-ce que tu as *hérité* la montre de ton père? – Non, c'est ma
mère qui me l'a . . .

achever, détourner, éviter, garder, improviser, léguer, manquer à, se
marier, se passer de, perdre de vue.

III-7 1 Est-ce qu'il s'est arrêté aux feux rouges? – Non, ce chauffard les
a tous . . .
2 Est-ce que toute la maison a brûlé? – Non, le feu a . . . le rez-de-
chaussée.
3 Est-ce que le Parlement peut contrôler tout? – Non, il y a des
choses qui . . . au contrôle parlementaire.
4 Est-ce que ce peintre a connu le succès de son vivant? – Non,
personne n'a . . . ses mérites.
5 Est-ce que son père est mort avant sa mère? – Non, sa mère a . . .
son père.
6 Est-ce que la grève sera terminée avant le week-end? – Non, elle
va certainement . . . encore une semaine.
7 Tout le monde a tenu compte de votre avis, n'est-ce pas? – Pas
du tout, tout le monde l'a . . .
8 Est-ce que tous les garçons sont présents? – Non, il en . . . deux.
9 Est-ce qu'on peut avoir confiance en cet homme? – Certainement
pas; on doit . . . lui.
10 Est-ce que votre voiture est encore en bon état? – Non, elle a été
. . . dans une collision.
11 Est-ce que ce château est encore habité? – Non, je ne crois pas.
Il a l'air complètement . . .
12 Est-ce que vous avez des remords? – Non, je ne . . . rien.

abandonner, abîmer, brûler, échapper, épargner, ignorer, manquer,
se méfier de, se prolonger, reconnaître, regretter, survivre à.

IV-1 *Dans un assez grand nombre de verbes on peut reconnaître un
substantif, par exemple former- forme.
Trouvez le verbe qui contient le substantif donné.*
1 Le colonel a rassemblé ses soldats en *groupes.* Il les a . . .
2 La bande de garçons a établi un *camp* au bord de l'Ardèche.
Elle y a . . . quinze jours.

3 Essayez de trouver par un *calcul* le poids de ces marchandises. . . . le poids.

4 J'ai une grande *passion* pour le football. Je . . . pour le football.

5 Les arbres se couvrent de *fleurs*. Ils . . .

6 Le boulevard Saint-Michel forme une *croix* avec le boulevard Saint-Germain. Celui-là . . . celui-ci.

7 On passe l'eau par un *filtre* pour la rendre potable. On la . . .

8 Le chat faisait des *bonds* en essayant d'attraper la mouche. Le chat . . .

9 Je n'ai que du *mépris* pour ces gens-là. Je les . . .

10 Voici de la *colle*. Allez . . . les affiches au mur.

11 Voici de la *cire*. Allez . . . le parquet.

12 Je vais prendre les *mesures* de cet objet. Je vais le . . .

13 Je nettoie mes dents avec une *brosse*. Je me . . . les dents.

14 Je ferme les *boutons* de mon manteau. Je . . . mon manteau.

15 Avant de sortir, ma sœur met du *parfum*. Elle . . .

16 Voici des *clous* et un marteau. Allez . . . les planches.

17 La cantatrice a fait ses *débuts* à l'Opéra de Paris. Elle y a . . .

18 Le conducteur du train a actionné les *freins*. Il a . . .

IV-2 ++ *Essayez maintenant de faire vous-même des phrases qui contiennent le verbe où se reconnaît le substantif en italique.*
Exemple: Tu as encore fait une *tache* sur ta robe – tu as encore *taché* ta robe.

1 Le yaourt a meilleur goût quand on y met du *sucre*.

2 Mon frère a été *témoin* devant le tribunal.

3 La Déclaration des Droits de l'Homme et du Citoyen sert de *base* à la Constitution.

4 Est-ce que tu as collé un *timbre* sur l'enveloppe?

5 Je ne veux pas te faire de *reproches* pour ce que tu as fait.

6 Le gouvernement a son *siège* à Paris.

7 Mon oncle a fait des *voyages* un peu partout.

IV-3 *Parfois le substantif se reconnaît moins facilement. Par exemple: rapatrier-patrie. On a fait revenir les prisonniers de guerre dans leur patrie – on les a rapatriés.*

1 L'avion s'est posé à *terre*. L'avion a . . .

2 Vous devez mettre les formes du verbe sur une *ligne* droite. Vous devez les . . .

3 Dans le Nord de la France, il y a beaucoup de cimetières militaires où l'on a mis en *terre* des soldats morts dans les guerres de 14-18 et de 39-45. On les y a . . .

4 Les eaux du fleuve se sont répandues par-dessus les *bords*. Le fleuve a . . .

5 Si tu sors sans pardessus, tu vas attraper un *rhume*. Tu vas . . .

6 La mauvaise nouvelle a réduit à *néant* mes espérances. Elle a . . . mes espérances.

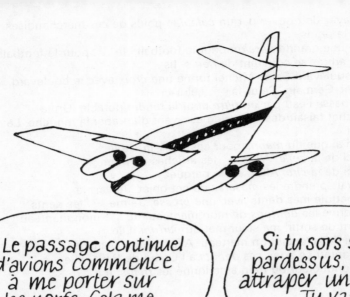

7 Le passage continuel d'avions commence à me porter sur les *nerfs*. Cela me . . .
8 Les premiers succès nous donnent le *courage* de persévérer. Ils nous . . . à persévérer.
9 On a mis en *prison* les criminels. On les a . . .
10 On a mis le tableau dans un *cadre*. On l'a . . .

IV-4

Remplacez les mots en italique par un verbe.

1 Jean est un garçon plutôt renfermé. Il ne *fait* jamais *connaître* ses sentiments.
2 L'assassin a *fait tomber* sa victime du haut du rocher.
3 En cas de danger les autorités *font partir* les habitants.
4 Comme nous avions besoin de bois, nous avons *fait tomber* des arbres.
5 Après le conseil des ministres le Premier ministre a *fait savoir* que le gouvernement allait prendre des mesures énergiques pour *faire disparaître* les inégalités entre les classes sociales.
6 A cause de la crise énergétique le gouvernement nous a *fait subir* des restrictions importantes.
7 A l'aide d'un plan de Paris, l'agent de police m'a *fait voir* comment je pouvais aller de l'Hôtel de Ville au Panthéon.
8 Si tu lis bien les instructions, il n'est pas tellement difficile de *faire marcher* cet appareil.
9 Si tu rentres trop tard pour le dîner, tu devras *faire chauffer* le repas toi-même.
10 Je mets toujours des robes claires parce qu'elles me *font paraître plus jeune*.
11 Pourquoi pleures-tu à tout moment? Tu me *fais perdre patience*.

abattre, énerver, évacuer, imposer, manifester, manœuvrer, précipiter, rajeunir, réchauffer, révéler, supprimer.

V-5

1 Pendant le congrès le chef du parti a *fait entendre* un discours fort applaudi.
2 *Faites descendre* les stores.
3 J'avais bien peur de ce qui allait arriver, mais la bonne nouvelle a *fait disparaître* mes craintes.
4 C'est l'Italien Lully qui a *fait entrer* le ballet en France au XVIIe siècle.
5 D'abord le cavalier *fait aller* le cheval au galop, puis au trot.
6 Qui t'a *fait entrer dans* cette affaire?
7 Cette partie de ton dessin n'est pas très réussie. Il faut la *faire disparaître*.

8   Vous ne devriez pas mettre des robes à rayures horizontales.
     Elles vous *font paraître plus grosse*.
9   La tempête *fait vibrer* les vitres de la maison.
10   Après la bataille le général a *fait savoir* que la guerre était perdue.
11   On a dû *faire aller plus lentement* la production parce qu'il n'y
     avait pas assez de matières premières.

baisser, déclarer, dissiper, ébranler, effacer, grossir, introduire,
mêler à, mener, prononcer, ralentir.

IV-6

*Trouvez le verbe qui rend le mieux l'idée contenue dans les mots mis
entre parenthèses.*

1   C'est surtout le commerce avec les Indes Orientales qui a . . .
     les Pays-Bas au XVIIe siècle (rendre riche).
2   Je vais . . . le problème afin que tout le monde puisse le
     comprendre (rendre plus simple).
3   La baronne a vécu longtemps à la cour, ce qui a . . . ses
     manières (rendre plus raffiné).
4   La circulation est devenue tellement intense que malheureusement
     on a décidé de . . . cette rue pittoresque (rendre plus large).
5   La mode n'est plus aux robes courtes. Je vais . . . les miennes
     (rendre plus long).
6   Le professeur a . . . les difficultés en écrivant au tableau tous les
     aspects du problème (rendre clair).
7   En faisant de longues promenades à pied, on . . . sa santé (rendre
     plus fort).
8   La maladie a . . . cet homme qui était toujours si fort (rendre plus
     faible).
9   Ce qui . . . encore ta faute, c'est que tu l'as faite exprès (rendre
     plus grave).
10   Yvonne n'a pas été gentille avec moi! Cela a . . . mon affection
     pour elle (rendre froid).

affaiblir, aggraver, allonger, éclaircir, élargir, enrichir, fortifier, raffiner,
refroidir, simplifier.

IV-7

1   Dans certains villages espagnols, les habitants . . . leurs maisons
     à la chaux tous les ans (rendre blanc).
2   Les cow-boys ont . . . la terre du sang des Indiens (rendre rouge).
3   Il y a longtemps déjà qu'on a . . . l'enseignement primaire (rendre
     général).
4   Mon petit frère va . . . une branche pour en faire un arc (rendre
     courbe).
5   Dans certaines régions tropicales le soleil . . . le sol (rendre dur).
6   Est-ce qu'il a plu? Cela ne se voit pas. Le soleil a . . . la rue en
     moins de rien (rendre sec).
7   Il a fait très beau en septembre. Le soleil a . . . les raisins (rendre
     mûr).

68

8 Mon père m'a promis de . . . mon argent de poche (rendre double).
9 Je vis dans un quartier industriel. La fumée des usines . . . les maisons (rendre noir).
10 Enlève tes chaussures. Tu vas . . . le parquet (rendre sale).
11 Etant tout seul j'avais peur, mais l'arrivée de mon ami m'a . . . (rendre calme).
12 Tu fumes trop. Cela se voit. La fumée a . . . tes doigts (rendre jaune).

apaiser, blanchir, courber, dessécher, doubler, durcir, généraliser, jaunir, faire mûrir, noircir, rougir, salir.

V-8
1 Pour . . . je vais monter prendre une douche froide.
2 Les deux pays ont conclu un traité stipulant qu'ils . . . les prisonniers de guerre (rendre libre).
3 Pour me . . ., un beau livre et quelques heures de repos me suffisent (rendre heureux).
4 L'assistante sociale a aidé les travailleurs étrangers à . . . leurs papiers (rendre conforme aux règlements).
5 Est-ce que tu ne comprends pas ce que je te dis? Alors, je vais te le . . . (rendre clair).
6 Dehors, il faisait froid. Lorsque j'entrais dans la maison, la chaleur a . . . les verres de mes lunettes (couvrir de buée).
7 Si les coureurs attardés veulent encore rattraper le peloton, ils devront . . . leur allure (rendre plus rapide).
8 Ma sœur était si en colère que rien n'a pu la . . . (rendre calme).
9 Qu'est-ce que tu as fait, nom d'une pipe. Tu as encore sali la table. Va la . . . (rendre propre).

accélérer, calmer, contenter, embuer, expliquer, libérer, nettoyer, se rafraîchir, régulariser.

V-9
1 Ce paysan a . . . ses terres en achetant celles de son voisin (rendre plus grand).
2 Je ne veux pas suivre la mode qui est aux jupes courtes. Je ne vais pas . . . ma robe (rendre plus court).
3 C'est vous qui avez commis les erreurs. C'est à vous de les . . . (rendre correct).
4 Je n'y comprends rien. Tantôt on dit ceci, tantôt on dit cela. Comment . . . le cas (rendre moins embrouillé).
5 Je vais . . . mon récit en vous racontant l'essentiel seulement (rendre plus bref).
6 Les jambes de mon pantalon sont trop larges. Je vais les . . . (rendre plus étroit).
7 Est-ce qu'il fait froid? – Et comment! Le froid a . . . mes doigts (rendre presque insensible).
8 Votre barbe traîne dans la soupe! Vous devriez la . . . (rendre plus court).

9 Le professeur de chimie a . . . l'eau en ajoutant un autre liquide (rendre opaque).

10 Tout ce que vous avez dit a . . . encore les choses (rendre moins clair).

abréger, agrandir, couper, débrouiller, embrouiller, engourdir, raccourcir, rectifier, rétrécir, troubler.

IV-10

Trouvez le verbe qui rend l'idée exprimée par le verbe et l'adverbe.

1 Mon frère me *prit brusquement* par le bras.

2 Comme ma mère ne fait que *dormir légèrement*, elle se réveille dès que quelqu'un entre dans sa chambre.

3 Vous avez *payé entièrement* votre dette.

4 Lorsque Moïse frappa le rocher de son bâton, l'eau en *sortit avec force*.

5 Notre professeur a l'habitude de *passer brusquement* d'un sujet à l'autre.

6 Dans cette bataille les Français ont *entièrement vaincu* les Italiens.

7 Mon frère avait *entièrement rempli* ses poches de bonbons.

8 La peste a *entièrement détruit* la population de cette région.

9 Après le combat les blessés *marchaient péniblement* vers leurs lignes.

10 Nous avons *regardé longuement* les tableaux de Rubens.

acquitter, bourrer, contempler, écraser, exterminer, jaillir, saisir, sauter, sommeiller, se traîner.

IV-11

1 La commission cinématographique a *blâmé officiellement* ce film.

2 Je vous *conseille fortement* de prendre votre congé.

3 Vous avez *désobéi gravement* à la loi.

4 A midi, nous allons *cesser* le travail *pour quelque temps*.

5 Je n'aime pas qu'on *observe secrètement* ce que je fais.

6 Je vous *prie humblement* de m'aider.

7 A travers les arbres je *voyais vaguement* une petite maison.

8 Le tigre *observait secrètement* sa proie.

9 Il est rare que de tels phénomènes *se produisent tous en même temps*.

10 Vous avez *entièrement fait* votre devoir envers vos voisins.

accomplir, censurer, coïncider, entrevoir, épier, guetter, recommander, supplier, suspendre, violer.

V-1

L'à peu près et la précision.

Certains verbes tels que faire, y avoir, se trouver, être, avoir, mettre, dire, voir, ont un sens très général. Selon le contexte, on peut les remplacer par des verbes qui ont un sens plus précis. Par exemple:

Au XVIe siècle les Portugais ont *fait* des colonies aux Indes — Au XVIe siècle les Portugais ont *établi* des colonies aux Indes.
Remplacez les mots en italique par un verbe plus précis. Notez bien qu'il est parfois nécessaire de modifier la structure de la phrase.

A   *y avoir — brûler, flotter, fumer, souffler, tourner, voler.*
1   Sur la table *il y avait* un bol de chocolat bien chaud.
2   Autour de la ville *il y avait* une belle allée.
3   Au-dessus de la ville *il y avait* des avions.
4   Ces derniers jours, *il y avait* un vent froid de l'Est.
5   Sur la tour du château *il y avait* un drapeau.
6   Des deux côtés de la statue de la Vierge *il y avait* des cierges.

B   *y avoir — se cacher, se creuser, se lire, se présenter, se presser.*
1   Sous ses façons aimables *il y a* de la méchanceté.
2   Entre les pentes de la montagne *il y a* une vallée profonde.
3   Sur la figure de la mère *il y avait* de la tristesse.
4   *Il y a* deux possibilités pour sortir de cette situation précaire.
5   Sur la place de l'Hôtel de Ville *il y a* une foule immense.

C   *y avoir — s'appuyer, se dessiner, s'élever, s'étendre, se heurter, se poser.*
1   Bien au loin *il y a* les contours des Alpes.
2   On n'a pas encore décidé l'établissement d'une industrie chimique, parce qu'*il y a* des intérêts opposés.
3   *Il y a* un grand problème.
4   Contre le mur *il y avait* une échelle.
5   Sur le Mont Aigoual dans le Massif central *il y a* un observatoire.
6   Lorsque vous quittez la forêt, *il y a* une vaste plaine devant vous.

V-2

A   *se trouver — se classer, éclairer, figurer, longer, se réfléchir, relier, surmonter, traîner.*
1   Le Quai des Grands Augustins *se trouve le long de* la Seine.
2   Votre nom ne *se trouve* pas sur la liste.
3   Tous les changements de notre société *se trouvent* dans ce roman.
4   Un dôme *se trouve* sur l'église baroque du XVIIIe siècle.
5   Mes livres *se trouvent* un peu partout dans ma chambre.
6   Un grand pont *se trouve entre* les deux rives de la Seine à Tancarville.
7   Deux grandes fenêtres *se trouvent dans* la salle.
8   Je ne sais pas dans quelle catégorie *se trouvent* ces ouvriers.

B   *se trouver — s'allonger, se conserver, dominer, occuper, reposer, séparer.*
1   Ce bâtiment *se trouve* sur des fondations en béton.
2   Une statue de l'Empereur *se trouve au* milieu de la place.
3   La Basilique du Sacré-Cœur *se trouve au-dessus de* Paris.
4   Tous les dossiers concernant cette question *se trouvent* aux Archives de l'Etat.

5 Des dizaines de policiers *se trouvent entre* les deux groupes de manifestants.

6 La route *se trouve* toute droite devant nous.

V-3

être – appuyer, s'opposer à, pendre, témoigner, toucher à.

1 La Grande Bretagne *est pour* l'inclusion d'Israel à l'UNESCO

2 On voit que ce vieillard *est à* la fin de sa vie.

3 Ce que vous dites *est en faveur* de sa proposition.

4 Le Premier ministre *est contre* la décision de son ministre de l'économie.

5 Les oranges *sont sous* les feuilles des arbres.

V-4

voir – apercevoir, s'apercevoir, examiner, fréquenter, remarquer, visiter.

1 Je n'ai pas *vu* qu'il était un peu triste.

2 Je vous promets de *voir* votre cas de tous les points de vue.

3 J'aime bien *voir* des gens qui savent apprécier une conversation agréable.

4 C'est l'après-midi que le médecin va *voir* ses malades.

5 Au loin je *voyais* une petite maison.

6 Je croyais avoir assez de temps, mais j'ai *vu* qu'il était déjà très tard.

V-5

A *mettre – beurrer, disposer, enfermer, exposer, imposer, inscrire, insérer, porter, verser.*

1 Le commerçant *met* ses marchandises à la devanture de son magasin.

2 Au XVIIIe siècle on *mettait* des auteurs à la Bastille.

3 Le musicien *met* la flûte à la bouche.

4 Le gouvernement va *mettre une taxe sur* l'essence.

5 Je veux *mettre* une annonce dans le journal.

6 Est-ce que tu as *mis* du café dans les tasses?

7 On devrait *mettre* les chaises dans un cercle autour de la table.

8 Est-ce que vous voulez *mettre* mon nom sur la liste des participants?

9 Je vais *mettre du beurre sur* le pain.

B *mettre – appliquer, compromettre, émettre, exécuter, installer, lancer, livrer à, régler, substituer à.*

1 Par vos indiscrétions vous avez *mis gravement en danger* les intérêts de notre entreprise.

2 On va *mettre en place* des machines pour la production de briquets.

3 A Liverpool, on va *mettre à l'eau* un pétrolier de 400 000 tonnes.

4 Avant de partir en vacances, je vais *mettre en ordre* quelques affaires en ville.

72

5 Ce matin à six heures on a *mis à mort* le condamné.
6 A partir du 1er janvier on va *mettre en pratique* un autre règlement.
7 La police *met* le voleur *aux mains de* la Justice.
8 La Banque de France va *mettre en circulation* de nouveaux billets de 100 francs.
9 Pour résoudre ce problème vous devez *mettre* x *à la place de* y.

V-6

A *faire* – *creuser, dresser, établir, frapper, jeter, pousser, rouler.*
1 L'agent de police a *fait* un procès-verbal de l'accident.
2 Pour se protéger de l'ennemi, les soldats ont *fait* des tranchées.
3 Le génie de l'armée a *fait* un pont provisoire sur la Meuse.
4 Est-ce que tu veux *faire* une cigarette pour moi?
5 Ma voisine *faisait* des cris aigus en voyant l'accident.
6 A l'occasion du 25e anniversaire de la mort de Churchill, on a décidé de *faire* une médaille.
7 Avant de commencer la rédaction de mon article, je dois en *faire* le plan.

B *faire* – *apporter, composer, conclure, construire, réaliser, rédiger, sculpter, tracer.*
1 Après les discussions le secrétaire a *fait* un rapport.
2 Pour faciliter les communications entre les deux villes, on va *faire* un chemin de fer.
3 Depuis quelques dizaines d'années, la science a *fait* de grands progrès.
4 Je vous promets de *faire* quelques changements à mon projet.
5 A l'aide d'une règle j'ai *fait* une ligne droite.
6 C'est Rodin qui a *fait* le groupe des "Bourgeois de Calais".
7 La France et L'Union Soviétique vont *faire* un traité commercial.
8 Est-ce que vous savez qui a *fait* "la Symphonie fantastique"?

V-7

dire – *affirmer, avertir, confier, confirmer, conseiller, raconter.*
1 Après le dîner, notre oncle nous a *dit* ses aventures.
2 Quelqu'un est venu nous *dire* qu'une avalanche menaçait notre maison.
3 Je ne peux pas vous aider; je vous *dis* de vous adresser à quelqu'un d'autre.
4 Ma sœur *dit* ses secrets à son amie seulement.
5 Je *dis* qu'il est venu me voir en effet ce jour-là.
6 Le guide nous a *dit* que le tableau était effectivement de Rembrandt, comme nous l'avions déjà pensé.

V-8

A *avoir* – *compter, jouer, mesurer, posséder, recevoir, remporter, sentir.*
1 On dit que cet homme *a* des millions de dollars.
2 Parmi les gens de lettres j'*ai* de nombreux amis.

3   Le général de Gaulle a *eu* un rôle important dans la vie politique française.
4   L'église Notre-Dame *a* 130 m de long.
5   J'ai *eu* une réponse négative à ma demande.
6   Après beaucoup d'efforts la France a *eu* la victoire.
7   Quand je me courbe j'*ai* des douleurs dans le dos.

B   avoir — couvrir, entraîner, éprouver, jouir de, obtenir, offrir, suivre.
1   De telles actions *ont* de graves conséquences.
2   Ce traité commercial *a* de grands avantages pour nous.
3   Mon frère a souffert des poumons. Nous *avons* une grande joie à le voir guéri.
4   D'après mon manuel de géographie, la Grande-Bretagne *a* une superficie plus grande que la République Fédérale d'Allemagne.
5   Ce savant *a* une bonne réputation parmi ses collègues.
6   Dans la question de la criminalité, le Conseil municipal *a* une politique de prudence.
7   Je me demande comment il faut *avoir* ces renseignements.

V-9

Certains verbes très usités tels que aller, donner, etc. peuvent, selon le contexte, être remplacés par d'autres verbes.
Remplacez les mots en italique par le verbe qui convient.
aller.
1   Si vous ne savez pas l'heure du départ, vous devriez *aller* aux renseignements. — Bon, je vais . . .
2   Des explorateurs sont *allés* dans une région de l'Amazonie encore inconnue. Jamais des blancs n'y avaient . . .
3   Le capitaine du sous-marin reçut 'ordre d'*aller* vers le convoi de l'ennemi. Maintenant il . . . le convoi à une vitesse de treize nœuds.
4   Est-ce que vos amis *s'en vont* ce soir? — Oui, ils . . . ce soir.
5   Ce projet *va* à l'encontre des intérêts de notre association. Il . . . intérêts de notre association.
6   Je ne trouve pas que ce chemisier et la jupe *aillent* bien ensemble. — En effet, le chemisier ne . . . pas avec la jupe.
7   Ce garçon *ira* loin. Il . . .

s'accorder, se diriger vers, être opposé à, faire une brillante carrière, partir, pénétrer, se renseigner.

V-10

demander.
1   Je vous *demande* de ne pas venir me déranger sans cesse.
2   Les ouvriers *demandent* une réduction de la journée de travail.
3   On *demande* le patron au téléphone.
4   Le travail est si compliqué qu'il *demande* toute mon attention.

5   Je *demande* qu'on me donne immédiatement une réponse satisfaisante.

6   Croyant qu'il allait mourir, le malade *demanda* un prêtre.

appeler, exiger, nécessiter, prier, réclamer, revendiquer.

V-11   *donner.*

1   Pour fêter son anniversaire, ma fille a *donné* des bonbons aux enfants de sa classe.

2   Au cours d'une cérémonie intime, le directeur a *donné* un chèque aux employés qui avaient vingt-cinq ans de service.

3   Voudriez-vous me *donner* le sel?

4   Je vous *donne* une semaine pour trouver une solution au problème.

5   Le voleur refuse de *donner* ses complices à la police.

6   Le concierge a *donné* des renseignements utiles à la police.

7   Par ses paroles le médecin nous *donne* de la confiance.

8   La mauvaise conduite de mon fils me *donne* beaucoup de soucis.

9   A l'occasion de la naissance de sa fille, le directeur a *donné* un jour de congé au jeune père.

accorder, causer, dénoncer, distribuer, fournir, inspirer, laisser, passer, remettre.

V-12   *faire.*

1   Dans notre quartier on va *faire* une piscine couverte.

2   Cette peinture murale a été *faite* par une équipe d'artistes.

3   L'Ancien Testament dit que Dieu a *fait* le monde.

4   Il ne sera pas facile de *faire* cette tâche tout seul.

5   Est-ce que vous comprenez ces Américains qui *font* L'Europe en quinze jours?

6   Notre épicier *fait* toutes sortes d'aliments et aussi des légumes.

7   Mon beau-frère, qui habite la région d'Arras, *fait* des pommes de terre, du blé et des betteraves.

8   Aujourd'hui les haricots *font* trois francs le kilo.

9   Deux et deux *font* quatre.

10   Les Vosges, le Jura, les Alpes et le Massif central *font* un amphithéâtre autour du Bassin parisien.

11   En fumant on *fait tort à* sa santé.

12   Le bruit des camions *fait peur* au bébé.

13   J'ai l'honneur de vous *faire part* du prochain mariage de ma fille.

accomplir, annoncer, construire, coûter, créer, cultiver, effrayer, être égal à, exécuter, former, nuire à, parcourir, vendre.

V-13   *mettre.*

1   Je vous prie de *mettre* les dossiers dans l'armoire.

2   Pour ne réveiller personne, j'ai *mis* prudemment la clé dans la serrure.

3 Je vais *mettre par terre* mon sac à dos, parce que j'ai mal aux épaules.
4 Allez *mettre au lit* les enfants.
5 La police a *mis la main sur* les auteurs de l'attentat.
6 En Australie, une femme a *mis au monde* des quintuplés.

accoucher de, arrêter, coucher, déposer, introduire, ranger.

V-14

se mettre.
1 *Mettez-vous debout!*
2 Depuis la mort de son père, il *s'est mis à* boire.
3 Comme l'orage approchait, nous *nous sommes mis à l'abri* dans un refuge près du sommet.
4 Cet homme *se met* toujours du côté du plus fort.

s'abriter, commencer à, se lever, se ranger.

V-15

montrer.
1 Sauriez-vous nous *montrer* le chemin de la gare ?
2 Au XIXe siècle une femme ne devait pas *montrer* ses jambes.
3 Vous pourriez *montrer* un peu plus d'enthousiasme.
4 Les nouvelles que j'ai reçues me *montrent* que je dois me méfier de vous.

découvrir, indiquer, manifester, prouver.

V-16

paraître.
1 Les résultats de l'enquête ne *paraissent* pas très favorables.
2 La plupart des livres d'André Gide *ont paru* chez Gallimard.
3 Je n'écris que pour moi-même. Je n'ai pas l'intention de *faire paraître* ce que j'écris.
4 Quoi qu'il arrive, mon père ne *laisse* jamais *paraître* ses sentiments.

être édité, montrer, publier, sembler.

V-17

passer.
1 Sur la Place de l'Etoile *passent* énormément de voitures.
2 Entre 6 et 8 heures du soir, 3 600 voitures *passent sur* le Pont Alexandre III.
3 Après avoir fait mon choix, je suis *passé* à la caisse pour payer.
4 A l'université, mon frère *passe pour* un génie.
5 Si tu continues à travailler dur, tu *passeras* facilement en troisième.
6 Dans son récit du crime, l'accusé a *passé sur* bien des détails.
7 Le nouveau film de Godard *passera* dans trois grandes salles d'exclusivité à Paris.

8 Les jours et les semaines *passaient*, mais personne ne venait nous voir.
9 Tu n'aimes pas les robes qui tombent jusqu'aux pieds? Rassure-toi, la mode *passe*.
10 En allant de la Flandre en Picardie, on *passe par* l'Artois.
11 J'entends toutes sortes de bruits, mais je ne sais pas ce qui *se passe*.
12 Est-ce que vous ne pouvez pas *vous passer de* cigarettes?

être admis, aller, arriver, changer, circuler, être considéré comme, s'écouler, ne pas mentionner, se priver de, être projeté, traverser, traverser.

V-18

prendre.
1 Pour notre promenade nous avons *pris* des sandwiches.
2 Où est-ce que vous *prenez* en général vos fruits et vos légumes?
3 Comme mes affaires marchent très bien, je dois encore *prendre* deux sténodactylos.
4 Je viendrai vous *prendre* ce soir à 9 heures.
5 Je vais *prendre des renseignements* au Syndicat d'Initiative.
6 Sur le lieu du crime les policiers *prennent* les empreintes digitales.
7 Il faut *prendre son temps*.
8 Depuis l'année dernière, ma mère a *pris de l'âge*.
9 Par ce temps humide et froid, on *prend* facilement un rhume.
10 C'est nous qui devons *prendre* la responsabilité de l'entreprise.
11 Je *prends* Charles souvent *pour* son frère Jean.

acheter, assumer, attraper, chercher, confondre avec, emporter, engager, s'informer, ne pas se presser, relever, vieillir.

V-19

tenir, se tenir.
1 Ce gros meuble *tient* trop de place.
2 Ce garçon ne sait pas *tenir sa langue*.
3 Le Stade Olympique peut *tenir* 65 000 spectateurs.
4 Je *tiens à* vous accompagner chez le médecin.
5 Je ne me sens pas très bien. Cela *tient à* la chaleur sans doute.
6 En mai 1940, l'armée néerlandaise a *tenu* pendant quatre jours.
7 La réunion annuelle de notre association *se tiendra* le samedi 15 octobre.
8 Le petit chat *auquel* je *tenais* tant, est mort.
9 Au début de sa carrière, cette actrice a *tenu* un rôle secondaire dans un film de Hitchcock.
10 Prenez la corde et *tenez-la bien!*

aimer, avoir lieu, contenir, jouer, ne pas lâcher, occuper, provenir de, résister, se taire, vouloir absolument.

Je prends Charles souvent pour son frère Jean.

V-20 *venir.*

1 Lorsque nous traversions le ruisseau, l'eau nous *venait* au genoux.
2 Cette année, l'hiver est *venu* très tôt.
3 Je me demande d'où *vient* cette nouvelle.
4 Si vous suivez le canal, vous *viendrez* à un petit village.

aboutir, arriver, monter, provenir.

V-21 *voir.*

1 Est-ce que vous *voyez* quelque chose? – Non, il fait trop noir.
2 La génération qui est née en 1910 a *vu* deux guerres mondiales.
3 Entre 1789 et 1848 la France a *vu* trois révolutions.
4 Personne ne peut *voir* ce qui arrivera.
5 Je ne *vois* pas ce que ce tableau représente.
6 Dans un cas aussi compliqué, il vaudrait mieux *aller voir* un avocat.

comprendre, connaître, consulter, distinguer, prévoir, vivre.

V-22 *vouloir.*

1 Qu'il fait chaud! Je *veux* une glace.
2 Mon frère n'est pas modeste. Il *veut* toujours se faire remarquer.
3 Si vous y tenez, je *veux bien* que vous me payiez la moitié.
4 Je ne comprends pas ce que vous *voulez* de moi.
5 La culture des orchidées *veut* beaucoup de soins.

accepter, attendre, avoir envie de, chercher à, exiger.

VI-1 *Choisissez le verbe qui convient le mieux.*

chercher, chercher à, rechercher.

1 Est-ce que vous avez perdu quelque chose? Est-ce que je peux vous aider à . . .?
2 Voudriez-vous . . . pour moi les titres des livres qui ont paru sur Heinrich Böll?
3 Pourquoi est-ce que vous . . . nous faire du mal?
4 La police . . . les gens qui, hier soir, ont cambriolé la succursale de la Banque de Paris et des Pays-Bas.
5 Va . . . ton père. Le dîner est prêt.

VI-2 *battre, se battre, abattre, combattre.*

1 Mon cœur s'est mis à . . . très fort, quand j'ai entendu des pas dans le couloir.
2 On va . . . les peupliers qui sont atteints d'une maladie mystérieuse.
3 L'opposition a . . . le projet de loi, mais la majorité l'a voté.
4 Cette année, le gouvernement a accordé un crédit plus élevé pour . . . le cancer.
5 Les Français et les alliés . . . le 18 juin 1815 près de Waterloo.
6 La France a . . . l'équipe du Pays du Galles par 19 à 15.

VI-3   *porter, porter sur, se porter, apporter, se comporter, emporter, rapporter, remporter, reporter, supporter, transporter.*

1   Comme les cheminots font la grève, le gouvernement va faire appel à l'armée pour . . . les marchandises.
2   Je ne veux pas que tu . . . ma valise; je suis plus fort que toi.
3   Dans le café, il y avait un écriteau portant: "On peut . . . son manger".
4   Oh non! Je ne peux plus . . . les manières désagréables de cet homme.
5   Veux-tu me . . . mes pantoufles?
6   Le discours du nouveau membre de l'Académie française a . . . la responsabilité du savant.
7   Dans ces circonstances difficiles, vous . . . en héros.
8   L'équipe de l'Ecosse a . . . la victoire dans le Tournoi des Cinq Nations.
9   Je n'arrive pas à déchiffrer ton écriture. Tu devrais y . . . plus de soin.
10   Comment vas-tu? – Merci, je . . . très bien.
11   Les quatre immeubles . . . 20 000 florins par an à leur propriétaire.
12   Vous pouvez . . . ce livre si vous me le . . . demain.
13   Comment était habillée ta sœur à son mariage? – Elle . . . une robe bleue.
14   Le match de rugby entre la France et l'Irlande a été . . . à mercredi à cause de la mauvaise condition du terrain.

VI-4   *tenir, contenir, entretenir, maintenir, obtenir, retenir, soutenir.*

1   Le gouvernement fera tout pour . . . l'indépendance de la France.
2   Veux-tu . . . mon chien un instant? Je vais chercher son collier.
3   Les notes que vous avez . . . aux examens sont inférieures à la moyenne.
4   Est-ce que tu as . . . la date de notre mariage? – Oui, c'était le 30 janvier 1953.
5   Si vous . . . bien votre voiture, vous en profiterez plus longtemps.
6   L'assassin avait beau dire qu'il était à Paris au moment du crime, le témoin . . . qu'il l'avait vu à Versailles.
7   Ce tonneau . . . 100 litres de beaujolais.
8   Si je n'avais pas . . . l'enfant, il serait tombé.

VI-5   *venir, venir de, convenir, convenir de, devenir, intervenir, parvenir, prévenir, provenir de, revenir.*

1   A la fin de la journée, les petits enfants . . . souvent difficiles.
2   Je . . . te voir ce soir à 8 heures pour te rapporter le livre.
3   Malgré leurs efforts les pompiers ne sont pas . . . à éteindre le feu.
4   A entendre votre accent, on dirait que vous . . . l'Auvergne.
5   Il va sans dire que vous pourrez loger chez nous. Veuillez seulement nous . . . d'avance.
6   Si nous ne réussissons pas à trouver une solution, le directeur va certainement . . . pour imposer sa propre solution.

7   Si j'envoie la lettre dès aujourd'hui, elle vous . . . demain.
8   Je me demande ce que ton frère est . . . depuis son départ au Brésil.
9   Le mot algèbre . . . l'arabe.
10 Pour le moment le patron n'est pas là. Je vous prie de . . . vers
    quatre heures.
11 Est-ce que cette heure vous . . .? – Oui, je serai libre.
12 Combien coûte la Renault? – Si je compte une remise de 2 000
    francs pour votre ancienne voiture, elle . . . à 9 250 francs.
13 J'espère que les secouristes . . . au puits où l'explosion a enfermé
    les mineurs.
14 Est-ce que vous admettez que vous vous êtes trompé? – Oui, je . . .
15 Les ministres de l'Agriculture du Marché Commun ont . . .
    harmoniser leurs politiques agricoles.

VI-6

connaître, méconnaître, reconnaître.
1   Beaucoup de grands artistes ont été . . . par leurs contemporains.
2   Cet été je suis allé revoir mon village natal, mais je n'ai presque
    rien . . ., tellement le village avait changé.
3   Ce n'est qu'après sa mort que le grand public a . . . les qualités de
    cet homme d'Etat.
4   Est-ce que vous . . . cet homme? – Non, je ne l'ai jamais
    rencontré.

VI-7

mener, amener, emmener, promener, ramener, se surmener.
1   C'est le ministre des Transports qui va . . . les négociations avec
    les bateliers.
2   Demain je vais . . . mes cousins qui ont passé les vacances chez
    nous.
3   Ce soir, je vous . . . ma fiancée pour vous la présenter.
4   Vous êtes libre? Alors je vous . . . au cinéma.
5   Une infirmière m'a . . . au cabinet du médecin.
6   Tous les soirs, après les actualités à la télé, je . . . mon chien.
7   Mon père va prendre deux jours de congé. Il . . . pour achever son
    livre.
8   Un sentier qui longe le canal . . . à la ferme.

VI-8

perdre, se perdre.
1   Qu'est-ce que vous cherchez? Vous avez . . . quelque chose?
2   Pendant la guerre ma tante a . . . son mari et deux de ses fils.
3   Souvent les étrangers . . . dans les nombreuses rues et ruelles du
    de Londres.

VI-9

prendre, se prendre pour, comprendre, entreprendre, reprendre.
1   Napoléon a . . . Moscou en septembre 1812.
2   Mon frère . . . un grand poète depuis qu'on a publié quelques-
    unes de ses poésies.

3 Le bijoutier a bien voulu . . . le bracelet dont la forme ne plaisait pas à ma femme.

4 La municipalité a décidé de . . . la construction du métro.

5 Le livre . . . onze chapitres, une préface et une table des matières.

6 Allons d'abord déjeuner. Nous pourrons . . . notre travail après.

7 Je trouve ce potage délicieux. J'aimerais bien en . . .

8 Si tu as mal à la tête, . . . un cachet.

9 Le feu a . . . si vite que les pompiers n'ont pas réussi à évacuer à temps toutes les vaches de l'étable.

VI-10

courir, accourir, parcourir, recourir à.

1 Le bruit . . . que le gouvernement va démissionner.

2 Il faudra . . . pour attraper ton train.

3 Pendant l'été de 1973 nous avons . . . le Morvan dans tous les sens.

4 J'ai entendu un fracas terrible, et j'ai . . . pour voir ce qui se passait.

5 En 1973, Eddy Merckx n'a pas . . . le Tour de France.

6 L'entreprise a dû . . . un emprunt pour réaliser la modernisation de ses ateliers.

7 Ma sœur ne va pas passer ses vacances en haute montagne, parce qu'elle n'aime pas . . . des dangers inutiles.

VI-11

couper, découper.

1 Comme vous n'avez pas payé la facture, on va . . . l'électricité.

2 Ne jetez pas le journal. Il y a un article intéressant que je voudrais . . .

3 Je . . . le pain avec un couteau.

4 C'est ma mère qui prépare le poulet, mais c'est mon père qui le . . .

5 Dans les Alpes du Nord, la neige a . . . les routes.

VI-12

placer, déplacer, remplacer.

1 L'argent qu'on . . . à la banque rapporte plus que l'argent qu'on garde dans un bas de laine.

2 Si tu . . . un peu l'armoire, il y aura assez de place pour le tabouret.

3 Je . . . notre directeur, qui est allé à Francfort pour assister à la Foire Internationale du Livre.

4 L'entraîneur a . . . l'avant-centre, qui est blessé au genou.

VI-13

vaincre, convaincre.

1 Les Prussiens ont . . . Napoléon III en 1870.

2 Quoi que vous me disiez, vous ne parviendrez pas à me . . . de mon tort.

3 Ce n'est qu'en travaillant dur que vous pourrez . . . les difficultés.

VI-14 *pendre, dépendre, suspendre.*

1 C'est sur la Place de Grève à Paris qu'on avait l'habitude de . . . les criminels condamnés à la peine de mort.
2 Ma voisine est si pauvre qu'elle . . . entièrement de ses enfants.
3 Pour notre voyage à Paris, papa est d'accord. Maintenant tout . . . du consentement de maman.
4 Donne-moi de la ficelle; je veux . . . ce tableau.
5 Tu auras peut-être ton vélo, mais cela . . . un peu des résultats de ton examen.
6 Les poires . . . aux branches de l'arbre.

VI-15 *former, déformer, informer, s'informer, réformer.*

1 La municipalité a créé un service special chargé de . . . les habitants des questions de logement et de loyer.
2 Dans la dernière phase de la bataille de Waterloo, la vieille garde de Napoléon a . . . des carrés.
3 Est-ce que vous avez fait votre service militaire? Non, j'ai été . . . parce que j'ai les pieds plats.
4 On peut . . . de l'état des routes en s'adressant à l'Automobile Club de France.
5 Depuis 1968 on essaie de . . . l'enseignement universitaire en France.
6 Votre récit des événements . . . la réalité. Cela s'est passé tout autrement.
7 Dans les écoles normales on . . . les futurs instituteurs et institutrices.

VII-1 *Certains verbes peuvent être employés à la forme intransitive, c'est-à-dire qu'ils ne peuvent pas être accompagnés d'un objet direct, et à la forme transitive, c'est-à-dire qu'ils peuvent être accompagnés d'un objet direct. Comparez:*
Ces dix dernières années, le nombre des voitures a *augmenté* considérablement – Le gouvernement a permis à l'industrie laitière d'*augmenter* le prix du beurre.
Mettez les verbes donnés à la forme intransitive dans la première série de phrases et à la forme transitive dans la deuxième série.

battre, cesser, communiquer, éclairer, fumer, gronder, loger, pendre, plonger, pousser, remuer, rêver, sauter, tourner, tremper.

A
1 Lorsque la neige avait . . ., nous avons repris notre marche vers le sommet.
2 Pendant mon séjour en France, j'ai . . . avec ma femme par téléphone.
3 Les haricots ont besoin de . . . avant qu'on puisse les faire cuire.
4 L'orage est encore loin, mais on l'entend . . . déjà.
5 La victime n'est pas encore morte; son cœur . . . encore.

6 Notre torche était trop faible; elle ne . . . pas assez.
7 Au début de 1945 tous les ponts sur le Rhin avaient . . ., sauf le pont de Rémagen.
8 Il ne tient pas en place. Il ne cesse de . . .
9 Cette nuit j'ai trés mal dormi. Je n'ai fait que . . .
10 Si je ne trouve pas d'hôtel, je pourrai toujours . . . chez des amis.
11 Dans le jardin . . . des roses, des tulipes et des jacinthes.
12 A Venise nous avons admiré les beaux plafonds d'où . . . des lustres.
13 Le lendemain de l'incendie, les ruines . . . encore.
14 Le gardien de but . . . pour arrêter le ballon.
15 Pour aller au Panthéon, il faut d'abord aller tout droit et ensuite . . . à gauche.

B
1 Le moteur faisait quelques hoquets, ensuite il . . . de fonctionner.
2 Le soleil entre par les fenêtres et . . . la pièce.
3 Comme j'ai entendu appeler mon nom, j'ai . . . la tête, mais je n'ai vu personne.
4 Je n'ai pas du tout promis d'aller au cinéma avec toi. Tu l'as . . . sans doute.
5 Combien de cigarettes as-tu . . . aujourd'hui?
6 Comme l'hôtel était complet, le propriétaire nous a . . . chez l'habitant.
7 Le cheval n'a pas réussi à . . . l'obstacle.
8 Pourquoi est-ce que tu . . . tes biscottes dans le thé?
9 Dans son roman ''De sang froid'' Truman Capote fait le récit de deux hommes qu'on a . . . pour meurtre.
10 Pourquoi est-ce que vous me . . .? Je n'ai pas beaucoup de place, moi non plus.
11 Ce n'est pas moi qui l'ai fait. Tu devrais . . . quelqu'un d'autre.
12 Il a . . . ciel et terre pour être nommé bourgmestre de notre ville.
13 L'équipe allemande a . . . l'équipe française par trois buts à zéro.
14 Le bébé . . . ses mains dans son assiette.
15 J'ai une bonne nouvelle à vous . . .: vous avez gagné le gros lot à la Loterie Nationale !

VII-2 *Même exercice.*

baisser, céder, chauffer, coucher, fondre, geler, grossir, manifester, plaisanter, poser, ralentir, reprendre, respirer, rouler, sortir, travailler.

A
1 L'eau commence à . . . sur le réchaud.
2 Quand je suis à Paris, je peux toujours . . . chez un de mes amis.
3 La neige . . . au printemps et fait monter les eaux de la rivière.
4 Pendant la tempête les murs qui retenaient les eaux du fleuve ont . . . et la campagne a été inondée.
5 A cause de la crise énergétique, les actions des compagnies pétrolières ont . . .

6   Il ne faut pas sortir par un froid pareil. On . . .
7   Est-ce que vous êtes sérieux ou est-ce que vous . . .
8   Il faut . . . pour gagner sa vie.
9   Officiellement la rentrée universitaire est fixée au 1er octobre, mais les cours ne . . . que le 15.
10 La pelote de laine . . . sous la table et le chat commence à courir après.
11 Tu manges trop sans doute. Tu as . . .
12 Les ouvriers et les étudiants ont . . . ensemble pour protester contre la hausse des loyers.
13 Est-ce qu'on va au cinéma ce soir ? – Non, je n'ai pas envie de . . .
14 Les habitants du quartier de Rembrandt ont souvent . . . pour le peintre.
15 Avant de lancer le disque, l'athlète . . . profondément.
16 Il faut . . . avant de prendre le virage.

B
1   Je vais . . . mes stores, parce que le soleil m'éblouit.
2   . . . les mains de tes poches quand tu me parles !
3   Pendant la guerre on a . . . les cloches pour en faire des canons.
4   Les grévistes vont . . . le travail dans deux jours.
5   Après la guerre franco-prussienne de 1870, les Français ont dû . . . l'Alsace-Lorraine à l'Allemagne.
6   L'armée pouvait traverser le fleuve à pied, parce que le froid avait . . . les eaux.
7   Les garçons ont . . . leur camarade parce qu'il ne savait pas prononcer correctement le mot prestidigitateur.
8   Mon père est d'un tempérament assez froid. Il ne . . . jamais ni joie ni douleur.
9   Avec sa division de blindés le colonel de Gaulle a réussi à . . . l'avance allemande.
10 Pour . . . le bois on a besoin de couteaux spéciaux.
11 Dans les grandes villes on ne . . . pas l'air pur, mais des gaz d'échappement.
12 Je n'arrive pas à . . . ma maison par ce froid terrible.
13 A l'aide d'un microscope, on peut . . . les détails d'un objet.
14 Je vous prie de ne pas . . . votre cartable sur le bureau.
15 Il se fait tard. Il est grand temps qu'on aille . . . les enfants.
16 L'infirmière . . . le lit du malade dans un autre coin de la salle.

VII-3

brûler, descendre, fuir, goûter, guérir, habiter, ouvrir, pleurer, reculer, refroidir, rentrer, sécher, tenir, traîner, varier.

A
1   Ta robe est trop longue. Elle . . . sur le sol.
2   Quand le moteur aura . . ., nous pourrons continuer notre voyage.
3   La plupart des grands magasins en Grande Bretagne . . . à neuf heures du matin.

4   Pourquoi est-ce que vous . . . ? Personne ne vous veut du mal.
5   Cet été trois cents hectares de forêt ont . . . dans le département
    du Var.
6   C'est en . . . très vite que le boxeur a pu éviter les coups de son
    adversaire.
7   En général, je . . . à quatre heures et demie avec un bol de choco-
    lat et quelques biscottes.
8   C'est à l'arrêt suivant que nous devons . . .
9   Est-ce que tu as perdu ta poupée? Ne . . . pas, je vais t'en
    acheter une autre.
10 Elle était bien malade, mais grâce aux bons soins de sa mère elle
    a . . . vite.
11 Où est-ce que vous . . ., dans le centre ou dans la banlieue?
12 Mon père veut absolument que ma sœur . . . avant dix heures.
13 Il pleut. Ce n'est pas comme ça que ton linge va . . .
14 Tu dois prendre un peu plus de colle; autrement les pièces du
    modèle ne . . . pas.
15 On ne sait jamais ce qu'il pense. Ses opinions . . . sans cesse.

B
1   Les C.R.S. ont . . . les étudiants du bâtiment qu'ils avaient occupé.
2   Nous nous sommes promenés sous la pluie toute l'après-midi,
    mais heureusement le soleil a vite . . . nos vêtements.
3   Avant l'entrée des troupes ennemies dans la capitale, les fonction-
    naires ont . . . les archives.
4   . . . ce vin. On dit qu'il est délicieux.
5   Le meurtrier essaie de . . . la police en se barricadant dans une
    maison.
6   Qu'est-ce que tu . . . dans la main?
7   Comme il commence à pleuvoir, le garçon . . . les chaises de la
    terrasse.
8   Le village . . . les victimes de la catastrophe minière.
9   . . . votre chaise un peu avant de vous lever.
10 Ma sœur vit à Paris, où elle . . . un studio.
11 Je souffrais des reins, mais le médecin m'a . . . vite.
12 Est-ce que vous voulez . . . les valises à la cave?
13 Il faut . . . un peu ce mets avant de le servir.
14 J'aime qu'on . . . les menus.
15 . . . le livre à la page 58.

VII-4   *Choisissez le verbe qui convient, avec ou sans préposition.*

compter, compter sur, manquer, manquer à, manquer de, penser,
penser à, reposer, reposer sur, rompre, rompre avec, tendre, tendre à,
veiller, veiller sur.

A
1   Comme mon fils est malade, il n'a pas dormi, de sorte que moi
    aussi j'ai . . . toute la nuit.

2 Sur la pierre tombale en pouvait lire: "Ici . . . Jean-Claude Durand, né en 1873, mort en 1917".

3 Pourquoi est-ce que vous avez . . . la réunion de notre association hier soir? – J'étais empêché de venir parce que j'avais des invités.

4 Ce qui . . ., ce n'est pas le résultat, mais l'intention.

5 Mon meilleur ami a émigré au Canada. Je . . . lui souvent.

6 Le 31 janvier 1953, une tempête violente . . . les lignes de communication.

7 Est-ce que tu as bien . . . les lignes de la tente? Il va faire du vent.

B

1 Je . . . qu'il fera beau demain.

2 Ne . . . son aide. Tu devras te débrouiller tout seul.

3 Une bonne mère . . . ses enfants sans les protéger trop.

4 Je veux décorer ma chambre de couleurs qui . . . les yeux.

5 A cause du beau temps les ventes de mazout . . . baisser.

6 Ne fumez plus! . . . cette mauvaise habitude.

7 Si nous ne voulons pas . . . notre train, nous devrons prendre un taxi.

C

1 Je ne crois pas que vos projets . . . des bases solides.

2 J'ai . . . les élèves dans ma classe. Il y en vingt-sept.

3 Selon Pascal l'homme n'est qu'un roseau, mais un roseau qui . . .

4 Est-ce que tu as vu Madeleine ces derniers jours? Non, nous ne nous voyons plus, nous avons . . .

5 Comme la Grande Bretagne . . . pétrole, elle doit faire appel à ses réserves de gaz naturel.

6 A la campagne on a encore l'habitude de . . . les morts.

VII-5 *Même exercice.*

commencer, commencer à, commencer par, jouer, jouer à, jouer de, monter, monter à, réfléchir, réfléchir à, retarder, retarder sur, toucher, toucher à.

A

1 Quelqu'un m'a . . . le bras, mais je n'ai pas vu qui c'était.

2 Il est onze heures et demie déjà? Alors ma montre . . .

3 Ouvre ton parapluie. Il . . . pleuvoir.

4 La lune n'est pas lumineuse; elle ne fait que . . . la lumière du soleil.

5 Mon fils . . . la flûte à bec.

6 Voudriez-vous . . . cette caisse au premier étage?

B

1 Celui qui, en 1974, est encore partisan du colonialisme, . . . son temps.

2   Après s'être assise, la Reine . . . la lecture du Discours du Trône.
3   . . . avant d'agir pour ne pas commettre de fautes.
4   Je . . . lire le journal, ensuite je vais écouter la radio.
5   Par suite des pluies abondantes dans le Bassin de l'Yonne, les
    eaux de la Seine ont . . .
6   Est-ce que tu t'es bien amusé? – Oui, j'ai . . . échecs avec Bobby.

C
1   Pourquoi avez-vous . . . déjà? Vous n'auriez pas pu m'attendre?
2   Jean-Jaurès . . . la tribune et prononça un discours contre la
    guerre.
3   Que tes mains sont sales! Et par-dessus le marché tu as . . . ma
    robe blanche.
4   J'ai longuement . . . votre proposition, mais je suis obligé de la
    refuser.
5   Et maintenant je vais . . . pour vous quelques études de Chopin.
6   Comme mes papiers ne sont pas encore en règle, je dois . . . mon
    voyage à l'étranger.
7   Fernandel fut une des plus grandes vedettes du cinéma français.
    Il a . . . entre autres dans la série des Don Camillo.

VII-6   *Même exercice.*

changer, changer de, commander, commander à, désespérer,
désespérer de, parler, parler de, parler à, risquer, risquer de, saigner,
saigner de, tirer, tirer sur.

A
1   Quand quelqu'un . . . nez, il faut lui mettre quelque chose de
    froid sur la nuque.
2   Au Canada, on . . . le français dans la province du Québec.
3   Ce livre ne me plaît pas tellement; j'aimerais mieux le . . . pour un
    autre.
4   Si tu . . . la ligne trop fort, elle va se casser.
5   Le général . . . ses troupes de passer à l'attaque.
6   La succession de mauvaises récoltes a . . . les paysans.
7   Pourquoi est-ce que vous hésitez? Vous ne . . . rien en disant la
    vérité.

B
1   Vous devez m'obéir, parce que c'est moi qui . . .
2   Rentrons les chaises de la terrasse, parce qu'il . . . pleuvoir cette
    nuit.
3   Je déteste les gens qui . . . sans rien dire.
4   Tu as deux minutes? Je vais . . . robe.
5   Ça sent la fumée ici; sans doute la cheminée ne . . . pas bien.
6   Un petit moment j'ai . . ., mais assez vite j'ai repris courage.

C

1 Dans le Nord de la Suède, j'ai vu des rennes qui . . . des traîneaux.
2 Malgré les échecs que nous avons subis, nous ne voulons pas . . . la victoire finale.
3 C'est le maréchal Foch qui a . . . les troupes alliées en 1918.
4 Dans sa conférence de presse, le Président de la République a . . . crise économique.
5 Du temps de Molière, on croyait pouvoir guérir les malades en les . . .
6 Est-ce que Juliette est au courant de l'histoire? – Non, j'en ai . . . Jacqueline seulement.

VIII-1

Employez les verbes donnés dans l'exercice suivant. Dans la première série de phrases les verbes sont employés au sens littéral, dans la deuxième série ils ont un sens figuré.

ajouter, apporter, bouillir, courir, couvrir, écouter, frapper, guérir, marcher, pousser, remplir, se rendre, tomber, toucher.

A

1 Je . . . un concert à la radio.
2 Elle est . . . parce que la route était glissante.
3 L'eau . . . Il faut éteindre le gaz.
4 J'ai . . . mes livres pour qu'ils restent en bon état.
5 Nous avons dû . . . des heures et des heures avant de trouver une auberge.
6 Il m'a . . . l'épaule pour attirer mon attention.
7 Il faut . . . avant d'entrer.
8 D'abord nous sommes allés à Orléans et de là nous . . . à Châteauroux.
9 Nous n'avions plus d'essence de sorte que nous avons dû . . . la voiture.
10 Tu peux passer la nuit chez nous, mais tu dois . . . un sac de couchage.
11 Pour rehausser le goût du bifteck, il faut . . . du poivre.
12 Nous avons . . . nos verres, après quoi nous avons bu à la santé de nos invités.
13 J'ai dû . . . car le train allait partir.
14 Grâce au nouveau médicament on a pu . . . les malades.

B

1 Mon oncle était toujours très audacieux, mais les mauvaises expériences l'ont . . . de son audace.
2 Cette femme . . . toujours beaucoup de soin à la préparation des repas.
3 Dans le Sud-Ouest de la France, des forêts de pins . . . de vastes étendues.
4 Après avoir . . . le questionnaire, il faut le remettre à l'enquêteur.
5 Les couleurs très vives du tableau m'ont . . .

89

Tu peux passer la nuit chez nous, mais tu dois.....un sac de couchage.
WS

6   Le ministre a dit que la situation était grave et il a . . . que les
    prévisions n'étaient pas très favorables.
7   Le bruit . . . que les pays exportateurs de pétrole vont limiter leurs
    livraisons.
8   Vous réussirez à surmonter les difficultés, si vous . . . bien mes
    conseils.
9   Nous hésitions à entreprendre l'expédition, mais nos amis nous y
    ont . . .
10 L'entreprise doit fermer ses portes, parce que les affaires ne . . . plus.
11 Le récit de ses malheurs m'a profondément . . .
12 Comme la situation est désespérée, l'armée va . . . à l'ennemi.
13 Il . . . de colère et cela se comprend; on l'a offensé gravement.
14 Ma femme est empêchée de m'accompagner, parce qu'elle est . . .
    malade.

VIII-2 *Même exercice.*

abattre, accueillir, briller, éclater, lutter, naître, se répandre, rester,
retenir, soulever, soutenir, surprendre, suspendre, trembler, user.

A
1   Le vent fait . . . les feuilles des arbres.
2   L'armée française et l'armée autrichienne ont . . . toute la journée
    sans arriver à un résultat décisif.
3   Hier il pleuvait, mais aujourd'hui le soleil . . . de nouveau.
4   Je vais . . . le tableau au mur.
5   Sauriez-vous me dire en quelle année . . . André Gide?
6   Pendant notre séjour à Londres, une bombe a . . . tout près de
    notre hôtel.
7   On a installé les machines il y a cinquante ans; maintenant elles
    sont complètement . . .
8   Je me rappelle avoir . . . mon frère en train de manger dans un
    pot de confitures.
9   Demain le directeur de l'usine va . . . les représentants du
    personnel.
10 J'arriverai chez vous dimanche matin et je . . . jusqu'à mardi.
11 Une double rangée de piliers . . . le toit de la cathédrale.
12 Afin de pouvoir élargir la route, on va . . . les arbres qui la
    bordent.
13 Voulez-vous essayer de . . . cette caisse?
14 J'ai renversé la bouteille et le vin . . . sur la table.
15 Au moment où j'allais sortir, le concierge m'a . . . par la manche.

B
1   Dans les sociétés modernes les pouvoirs publics se donnent pour
    mission de . . . ceux qui ne peuvent pas subvenir à leurs propres
    besoins.
2   Quoi qu'on vous dise, vous devriez essayer de . . . calme.

3 Le Président de la Chambre a . . . la séance pour que les députés puissent préparer leur réponse au discours du ministre.
4 Après son échec à l'examen, mon neveu avait l'air très . . .
5 La petite fille . . . contre le sommeil, mais elle a fini par s'endormir.
6 La nouvelle qu'on allait signer l'armistice . . . dans tout le pays.
7 En juin 1944 la nouvelle de l'invasion en Normandie a été . . . avec joie par les populations des pays occupés.
8 Je . . . pour les habitants des polders menacés par la mer.
9 Ce n'est qu'en présence de ses amis que cet homme sait faire . . . ses talents.
10 La conférence des ministres des pays arabes a . . . un vif intérêt dans les pays consommateurs de pétrole.
11 L'histoire que me racontait mon oncle était si drôle que je ne pouvais m'empêcher de . . . de rire.
12 Le genre littéraire de la science-fiction . . . au XIXe siècle avec les œuvres de Jules Verne.
13 Je vais partir pour Chamonix le 15 janvier, mais comme les sports d'hiver deviennent de plus en plus populaires, j'ai . . . dès le 15 décembre une place dans le train.
14 Vous travaillez trop dur. Vous allez . . . vos forces.
15 Est-ce que vous vous étiez attendu à me voir ici? – Non, votre présence me . . . beaucoup.

IX-1

Mettez le verbe qui convient.

1 Ton frère se fera attendre longtemps encore? – Non, il . . . venir dans une minute.
2 Est-ce que tu . . . me prêter cinq livres? – Non, je regrette, mais je n'ai pas tant d'argent sur moi.
3 Nous avons . . . aider la vieille femme, mais comme elle est très fière elle a refusé.
4 Est-ce que tu as fini ton travail? – Pas encore, je . . . de faire mes problèmes de géométrie.
5 Est-ce que tu peux me donner un coup de main? – Oui, attends, je . . . t'aider dans un instant.
6 On vous a renvoyé? – Oui, on m'a . . . partir sans me dire pourquoi.
7 Ton ami a couru les cent mètres en 11 secondes. Est-ce que tu . . . le faire, toi aussi?
8 Dans certains pays sous-développés, la moitié de la population ne . . . ni lire ni écrire.

aller, devoir, être en train, faire, pouvoir, pouvoir, savoir, vouloir.

IX-2

1 Il me semble qu'il est parti ce matin. – Oui, en effet, il a . . . partir ce matin.
2 Comme je n'ai pas le temps de copier le manuscrit, je le . . . taper à la machine par une dactylo.

3 Est-ce que le directeur vous a permis de partir? – Oui, il m'a . . .
partir.
4 Par ce temps splendide, la montagne sera sans doute très belle.
– Ah, oui! Je pense bien! Elle . . . être très belle.
5 Est-ce que c'est Jean que tu cherches? Il ne peut pas être loin,
je . . . le voir dans sa chambre.
6 Ce n'est pas possible, vous . . . vous tromper.
7 J'ai . . . tomber, mais au dernier moment quelqu'un m'a retenu.
8 70 000 spectateurs? Tu exagères! Le stade . . . contenir 60 000
spectateurs seulement.

devoir, devoir, devoir, faillir, faire, laisser, pouvoir, venir de.

X-3 Comparaisons.

1 Tu as peur? Tu . . . comme une feuille!
2 Est-ce que tu t'es fait mal? Tu . . . comme un damné.
3 Comment va-t-elle? – Oh, elle . . . comme un charme.
4 Tu dois être fatigué. Tu as . . . comme un cheval.
5 Je me sens tout reposé. J'ai . . . comme un loir.
6 Il ne faut pas croire ce qu'il vous dit. Il . . . comme un arracheur
de dents.
7 Ce garçon se tient très mal à table. Il . . . comme un petit cochon.
8 Immédiatement après avoir reçu l'ordre de s'en aller, il est . . .
comme une flèche.
9 Pour échapper à ses persécuteurs, il a . . . comme un lièvre.
10 Ma petite fille peut très bien aller se baigner toute seule. Elle . . .
déjà comme un poisson.
11 Ah! que c'est beau! Elle . . . comme un rossignol.
12 Mon cousin croit tout ce qu'on lui dit. Tous les mensonges . . .
comme une lettre à la poste.
13 Cela me fait mal aux oreilles. Tu . . . comme un pied.
14 Inutile de m'indiquer la route vers le centre. Je . . . la ville comme
ma poche.
15 Ce sont sans doute des jumeaux. Ils . . . comme deux gouttes
d'eau.

chanter, chanter, connaître, courir, crier, dormir, manger, mentir, nager,
partir, passer, se porter, se ressembler, travailler, trembler.

X-4 Il n'y a pas trente-six solutions!

1 Dans ce lycée les épreuves d'examens sont . . . sur cent.
2 J'ai entendu un bruit terrible au rez de chaussée. J'ai donc . . .
l'escalier quatre à quatre.
3 Tout le monde est si gentil avec moi. On . . . en quatre pour
m'aider.
4 Le vendredi treize, ça . . . malheur.
5 Ne cours pas si vite! Je ne . . . plus mes jambes de vingt ans!

6 C'est demain que ma sœur doit passer son examen. Elle . . . mille morts.
7 Mon neveu est tellement timide qu'il ne sait pas . . . trois mots.
8 Il a eu un train électrique pour sa fête? Il doit . . . au septième ciel.
9 Tu compliques toujours les choses. Tu . . . midi à quatorze heures.
10 Mon vélo ne marche plus. Je n'ai plus qu'à . . . le train de onze heures.
11 Quand elle sort, ma grand-mère est toujours . . . à quatre épingles.

avoir, chercher, descendre, dire, donner, être, se mettre, noter, porter, prendre, souffrir, tirer.

IX-5 Chassez l'intrus.

Dans chaque série de verbes il y en a un qui ne devrait pas y figurer. Dites de quel verbe il s'agit; essayez de faire des phrases avec tous les verbes de chaque série.

1   broder, coudre, cuire, tricoter
2   s'en aller, s'envoler, partir, se promener
3   émouvoir, inquiéter, irriter, recueillir
4   craindre, avoir peur, plaire, redouter
5   administrer, caresser, diriger, gouverner
6   accrocher, décorer, illustrer, orner
7   admirer, applaudir, approuver, plaindre
8   s'énerver, se fâcher, s'irriter, se succéder
9   décevoir, déléguer, démoraliser, désoler
10 examiner, contempler, corriger, regarder
11 calmer, confier, consoler, rassurer
12 avoir horreur de, détester, haïr, préférer
13 démentir, démissionner, prendre sa retraite, se retirer
14 blesser, fusiller, guillotiner, pendre
15 désirer, obtenir, souhaiter, vouloir
16 assiéger, attaquer, encercler, fortifier
17 apprendre, enseigner, instruire, savoir
18 se battre, combattre, fuir, lutter
19 conquérir, occuper, prendre, venger
20 échapper, s'enfuir, s'évader, évoluer
21 calculer, compter, épeler, multiplier
22 acheter, acquérir, obtenir, prêter
23 donner, gagner, payer, régler
24 éternuer, se moucher, peser, tousser
25 déchirer, déménager, démolir, détruire
26 s'évanouir, se laver, se peigner, se raser
27 se baigner, nager, naviguer, se noyer
28 éplucher, moudre, râper, scier
29 boire, consommer, manger, nourrir
30 colorer, dessiner, peindre, teindre

L'adjectif

Attention : Mettez l'adjectif choisi au masculin, au féminin ou au pluriel, selon le contexte.

Pourquoi Serge est-il plus sympathique que Nicolas ?

Donnez l'adjectif correspondant au mot souligné dans la première phrase.

Serge
1 Serge est un homme plein de *charme*.
  Il est vraiment . . .
2 Il a fait preuve de *courage* à plusieurs occasions.
  Il s'est montré . . . à plusieurs occasions.
3 Il se conduit avec *loyauté* à l'égard de ses camarades.
  C'est un camarade . . .
4 Il témoigne de l'*amitié* envers tous ceux qui l'entourent.
  Il se montre . . . envers ceux qui l'entourent.
5 En outre il ne manque pas de *vivacité* et de *malice*.
  Il a l'esprit . . . et même . . .
6 Pour tout dire il a de l'*esprit*.
  Il est . . .

Nicolas
1 Nicolas par contre est d'une *méchanceté* incroyable.
  Je ne connais personne qui soit plus . . .
2 On le déteste à cause de sa *cruauté*.
  Il se fait détester par ses actions . . .
3 La *sécheresse* de ses réponses lui attire beaucoup d'ennemis.
  Ses réponses . . . lui attirent beaucoup d'ennemis.
4 On le méprise pour la *faiblesse* de son caractère et pour sa *lâcheté*.
  On méprise son caractère . . . et . . .
5 Sa conduite devrait le faire rougir de *honte*.
  Sa conduite est . . .
6 Cependant il ne mérite pas entièrement le *mépris*, car il a des moments de *générosité*.
  Cependant il n'est pas entièrement . . . car il sait être . . . à ses heures.

amical, charmant, courageux, cruel, faible, généreux, honteux, lâche, loyal, malicieux, méchant, méprisable, sec, spirituel, vif.

Appelons un chat un chat.

1 Quelqu'un *qui ne voit pas*, est . . .
2 Joseph *ne s'arrête pas de parler*. Il est . . .

3 Gaston *se débrouillera toujours* dans la vie.
   Il est très . . .
4 Patrick *ne fait que raconter des mensonges*.
   Il est . . .
5 Quant à Paul, il *ne dit jamais rien*. C'est un garçon . . .
6 Mon oncle *n'entend plus rien*. Il est . . .
7 Georges *ne peut pas garder un sou en poche*. Il est . . .
8 Simon par contre *ne dépense pas un sou de trop*. Il est . . .
9 On ne peut pas dire que Philippe *aime travailler*. Au contraire, il
   est plutôt . . .
10 Mon frère Charles *n'oublie jamais mon anniversaire*. C'est un
   garçon très . . .
11 Jean-Pierre *fait rire* tout le monde. C'est un garçon très . . .
12 Eddy *ne renonce pas facilement* à ses projets. Il est . . .
13 Monique *aime* les enfants. Elle est toujours très . . . avec eux.
14 Ça ne m'étonne pas que les enfants aient peur de lui. Il les *traite
   d'une manière grossière et violente*. C'est un homme . . .

affectueux, aveugle, bavard, brutal, débrouillard, dépensier, drôle,
économe, menteur, paresseux, silencieux, sourd, tenace, tendre.

I-3 Ne perdez pas le Nord!

1 L'évolution technique des pays *de l'Occident* a été rapide.
   L'évolution des pays . . . a été rapide.
2 Les pays *de l'Orient* ont connu des crises répétées.
   Les pays . . . ont traversé des crises fréquentes.
3 Dans les régions situées *près des pôles*, la glace ne fond jamais.
   Dans les régions . . . il gèle presque toujours.
4 Le climat *des tropiques* ne me vaut rien.
   Je supporte très mal le climat . . .
5 La robe qu'elle portait faisait penser au *printemps*.
   Elle portait une robe . . .
6 Les peuples *du Nord* boivent plus de bière que de vin.
   Les peuples . . . boivent plutôt de la bière.
7 *En été* la moyenne de la température ne descend jamais au-dessous
   de vingt-cinq degrés.
   La moyenne de la température . . . est assez élevée.
8 *Tous les matins* à huit heures je fais ma gymnastique . . .

estival, matinal, nordique, occidental, oriental, polaire, printanier,
tropical.

I-4 *Donnez l'adjectif qui correspond au nom souligné.*

1 Les travaux du *ménage* occupent une bonne partie de sa journée.
   Les travaux . . . demandent beaucoup de temps.
2 Dans le pays *où je suis né*, il ne pleut presque jamais.
   Dans mon pays . . . il ne pleut presque jamais.

3   Mon cousin veut aller à une école *où l'on enseigne la navigation*.
    Il veut aller à une école . . .
4   C'est la navigation *sur mer* qui l'attire surtout.
    La navigation . . . l'attire le plus.
5   Le transport *qui se fait sur fleuve* s'appelle le transport . . .
6   Le calcul *qu'on fait dans la tête* s'appelle le calcul . . .

fluvial, maritime, ménager, mental, natal, naval.

-5   N'en faisons pas une maladie!

Donnez l'adjectif qui correspond au nom souligné.

1   Il souffre des *poumons*.
    Il a une maladie . . .
2   Il a le *cœur* faible.
    Il craint une crise . . .
3   Une tuile lui est tombée sur la *tête*.
    Il a une commotion . . .
4   On lui a extrait toutes ses *dents*.
    Maintenant il porte un appareil . . .
5   Mes *cheveux* tombent. C'est affreux.
    Achète-toi une bonne lotion . . .
6   Elle a très mal au dos. Le médecin dit qu'un *vertèbre* s'est déplacé.
    Elle a mal à la colonne . . .

capillaire, cardiaque, cérébral, dentaire, pulmonaire, vertébral.

-6   Servons-nous de tous les adjectifs possibles et imaginables.

Donnez l'adjectif correspondant au verbe souligné.

1   *On ne peut pas comprendre* ses motifs bizarres.
    Ses motifs sont . . .
2   *Nous ne pouvons pas accepter* ses explications confuses.
    Elles sont . . .
3   *Nous ne pouvons pas admettre* son attitude insolente.
    Son attitude est . . .
4   Tous ont *blâmé* sa conduite.
    Sa conduite était . . .
5   *Ils n'ont pas pu éviter* le conflit.
    Le conflit était . . .
6   *Il était impossible de prévoir* cette évolution.
    Cette évolution était . . .
7   *On ne peut pas nier* qu'il y a du progrès.
    Le progrès est . . .
8   *On ne peut rien lui reprocher.*
    Sa conduite est . . .
9   J'entends le bruit d'un avion, mais *je ne le vois pas* à cause des
    nuages.
    L'avion que j'entends est . . . .

10   L'abus de l'alcool *peut nuire* à la santé.
     L'abus de l'alcool est . . . à la santé.

blâmable, imprévisible, inacceptable, inadmissible, incompréhensible, indéniable, inévitable, invisible, irréprochable, nuisible.

I-7++   1   Je *ne peux pas me passer de* son aide.
               Son aide m'est . . .

           2   Au début nous pensions que nous *ne pourrions jamais vaincre* sa résistance.
               Sa résistance nous paraissait . . .

           3   L'essence *prend feu* facilement.
               L'essence est un produit . . .

           4   On ne *peut circuler* sur ce chemin qu'en été.
               Ce chemin n'est . . . qu'en été.

           5   On *peut atteindre* le sommet par le versant nord.
               Le sommet est . . . par le versant nord.

           6   J'*aime mieux* la deuxième solution.
               La deuxième solution me semble . . .

accessible, indispensable, inflammable, invincible, praticable, préférable.

I-8++   **Mettons les adjectifs à toutes les sauces!**

           1   Est-ce qu'on peut manger ces champignons?
               Oui, ils sont . . .

           2   Ce vin est si aigre qu'il est à peine . . .

           3   Méfiez-vous, l'eau du puits est . . .

           4   Les frites étaient si sèches qu'elles étaient à peine . . .

           5   Le vin a tourné au vinaigre. Il est devenu . . .

           6   Le potage était si salé qu'il en était . . .

           7   Attention! Ces baies sont vénéneuses, elles ne sont pas . . .

buvable, comestible, imbuvable, immangeable, mangeable, non-potable.

I-9   **En veux-tu encore? En voilà!**

           1   C'est un peuple *qui aime vivre en paix* avec ses voisins.
               C'est un peuple . . .

           2   Montons plutôt chez un chauffeur *qui a de l'expérience* au volant.
               Montons plutôt chez un chauffeur. . .

           3   Il est toujours *prêt à rendre service*.
               Il est vraiment . . .

           4   Voilà un plat exotique *qui a beaucoup de saveur*.
               C'est un plat . . .

           5   Son récit est *conformè à la vérité*.
               Son récit est . . .

98

6 Frédéric *aime la compagnie des autres.*
   Il est d'un caractère . . .
7 L'accord qui *forme la fin* d'un morceau de musique est l'accord . . .
8 La vitesse qu'a une fusée *au commencement* de son trajectoire
   est sa vitesse . . .
9 Nos efforts ont enfin *donné des résultats.*
   Nos efforts ont été enfin . . .
10 Le sol de cette région argileuse *produit abondamment.*
   Le sol y est très . . .
11 Mes élèves *viennent toujours à l'heure.*
   Mes élèves sont . . .
12 En outre, ils *n'ont pas peur du travail.*
   Ils sont . . .
13 Vous avez *pris* votre décision *trop tôt.*
   Votre décision est . . .
14 Est-ce que tu veux boire ton lait *très froid ou bien chaud? Ni l'un
   ni l'autre.* Je le préfère . . .

expérimenté, final, fructueux, initial, pacifique, ponctuel, prématuré,
productif, savoureux, serviable, sociable, tiède, travailleur, véridique.

-1 Qui se ressemble, s'assemble.

Trouvez un synonyme pour les mots ou expressions soulignés.

1 Jean est un homme *grave.* Son ami Paul est assez . . . lui aussi.
2 Pierre *n'a pas de volonté.* Son ami Georges est un homme . . .
3 Christian est un garçon foncièrement *honnête.* Son ami Raoul est
   un type . . .
4 Jeanne est aussi *fainéante* qu'Annette est . . .
5 Françoise est *orgueilleuse,* il est difficile de lui parler. Elle s'entend
   bien avec Christine qui est assez . . .
6 Claude s'est lancé dans les affaires. Il réussira sûrement, car il est
   très *adroit.* Il a choisi comme associé son ami Paul, un homme . . .
   lui aussi.

fier, habile, intègre, mou, paresseux, sérieux.

-2 *Choisissez le mot qui convient le mieux.*
Faites attention aussi à la place de l'adjectif.

1 *neuf / nouveau*
a Il était très élégant dans son costume tout . . .
b La . . . concierge / concierge . . . a encore oublié de distribuer le
   courrier.
c Les Usines Renault viennent de sortir un type de voiture . . .
d La . . . mode / mode . . . n'apporte rien de . . .

99

2 *gros / épais*

a J'ai remarqué que tu prenais toujours les morceaux de viande les plus . . .

b Les murs ne sont pas . . .! On entend tout ce que disent les voisins.

3 *court / bref*

a Je suis pressé; prenons le chemin le plus . . .

b Son exposé a été . . ., mais précis.

4 *vieux / ancien*

a Attention à la peinture! – Ça ne fait rien; c'est un . . . manteau / manteau . . .

b L'autre jour j'ai revu mon . . . professeur d'histoire / professeur d'histoire . . .

c Nous n'avons qu'un seul objet de valeur: un vase en porcelaine de Chine très . . .

5 *gros / grossier*

a Ce croquis vous donnera une . . . idée / idée . . . de la situation.

b Il a fait une . . . faute.

6 *raide / rigide*

a Il boite légèrement, parce qu'il a une jambe . . .

b Il se refuse à toute forme de compromis. C'est un homme d'un caractère . . .

7 *vieux / âgé*

a Les places assises sont réservées aux personnes . . .

b Paul est un . . . ami; je le connais depuis vingt ans.

c Ce vin n'est pas bon quand il est trop jeune; il faut le boire . . .

8 *puéril / enfantin*

a Recevoir des cadeaux me procure une joie . . .

b Tu ne trouves pas la solution? C'est pourtant . . .

c Il ne sait pas reconnaître ses torts; je trouve que c'est . . .

9 *vif / vivant*

a Amsterdam est une ville très . . .

b Il a répliqué d'un ton très . . .

c On ne s'ennuie jamais avec Christine: elle est tellement . . .

10 *proche / prochain*

a Pardon Monsieur, pourriez-vous m'indiquer la station de Métro la plus . . .?

b Nous descendrons au . . . arrêt.

c Maintenant nous devons partir, mais la . . . fois nous resterons plus longtemps.

II-3   Tu ne t'es pas regardé!

Trouvez un terme plus fort pour le mot souligné.

1 Je suis peut-être *bête*, mais toi, tu es vraiment . . .

2 Je suis peut-être *grosse*, mais toi alors, tu es . . .

3 Je suis peut-être *ignorant*, mais toi, tu es carrément . . .

4 Mon attitude n'était peut-être pas *irréprochable*, c'est vrai, mais la tienne était . . .
5 Tu es peut-être *fatigué*, mais moi, je suis . . .

énorme, épuisé, ignare, ignoble, stupide.

I-4 Je dirais même plus!

1 C'est un livre *intéressant*, que dis-je? . . .
2 Cet enfant est *charmant*, que dis-je? . . .
3 Je suis *contente*, ou plutôt . . . que tu sois venu!
4 Il est *triste*, même . . . que tu partes.
5 Je trouve très *bien* ce qu'il a fait. – Et moi, je trouve que c'est . . .
6 Est-ce que le café est encore chaud? – Plus que *chaud*, il est . . .

adorable, brûlant, désespéré, formidable, passionnant, ravi.

I-5 N'exagérons rien.

1 Ils sont *pauvres*, j'en conviens, mais pas . . .
2 La question est *importante*, c'est vrai, mais non . . .
3 Il n'était pas *furieux*, tout au plus un peu . . .
4 Je n'étais pas *trempé*, tout au plus un peu . . .
5 Les impôts sont *lourds*, c'est vrai, mais pas . . .
6 Elle n'était pas *stupéfaite*, tout au plus un peu . . .
7 La situation est un peu *dangereuse*, d'accord, mais pas . . .

capital, critique, écrasant, étonné, fâché, misérable, mouillé.

-6++ On n'est pas toujours celui qu'on croit.

Trouvez le terme exprimant négativement l'idée contenue dans le mot souligné.

1 Jean se croit *économe*. En réalité il est . . .
2 Henri se trouve *calme*. Nous le trouvons . . .
3 Etienne dit qu'il est *prudent*. Nous le trouvons . . .
4 Catherine se dit *indulgente*. En réalité elle est . . .
5 Marianne se dit *gaie*. Nous la trouvons un peu . . .
6 Il croit qu'il est *communicatif*. Nous trouvons qu'il est . . .
7 Elle se croit *courageuse*? Je dirais plutôt qu'elle est . . .
8 Quelle idée de se croire *savant* quand on n'est que . . .

avare, bavard, bruyant, ennuyeux, faible, imprudent, lâche, pédant.

Autrement dit.

La plupart des mots peuvent être employés dans des acceptions différentes. A chaque acception peut correspondre un synonyme différent. Par exemple: brusque - sec, inattendu
a   Il répondit d'un ton *brusque* (sec) que cela l'ennuyait.
b   Le revirement *brusque* (inattendu) de la situation nous a un peu désorientés.

1   *fort – costaud, énergique, pénétrant, résistant, violent.*
a   Le fil blanc que trouveras dans ma trousse de couture est plus *fort* que le fil noir.
b   L'explosion a dû être très *forte*, car elle s'entendait dans le village voisin.
c   L'odeur *forte* de la cuisine à l'huile flottait dans la maison.
d   Le leader de l'opposition a critiqué la politique gouvernementale en termes *forts*.
e   Il faut un homme très *fort* pour soulever cette caisse.

2   *clair – serein, transparent*
a   Les étoiles brillaient dans un ciel *clair*.
b   L'eau du lac était si *claire* qu'on pouvait voir nager les poissons.

3   *régulier – constant, correct, fixe, harmonieux, légal.*
a   Il faut que les enfants mangent à des heures *régulières*.
b   A mon avis, cette phrase n'est pas *régulière*.
c   Il a des traits *réguliers* et des mains très fines.
d   Votre situation n'est pas *régulière;* il vous faut un permis de travail.
e   L'escadron avançait à une vitesse *régulière*.

4   *sérieux – appliqué, grave, important, sincère.*
a   Voilà un élève *sérieux* qui travaille beaucoup.
b   Il a apporté une contribution *sérieuse* à la solution de nos problèmes.
c   Les protestations d'amitié qu'il vous a faites sont *sérieuses*.
d   Il paraît que sa maladie est plutôt *sérieuse*.

5   *commun – collectif, semblable, vulgaire.*
a   Ce travail est le résultat de l'effort *commun*.
b   Leurs situations ont plusieurs caractères *communs*.
c   Il est toujours bien habillé, mais il a des manières très *communes*.

6   *curieux – bizarre, indiscret.*
a   Il jetait un regard *curieux* par la fenêtre.
b   Un détail *curieux* a retenu mon attention.

7   *aigu – haut, pointu, violent.*
a   Brusquement il sentit une douleur *aiguë* à l'épaule.
b   Les notes *aiguës* dominent dans ce fragment.
c   Le requin a des dents *aiguës* en forme de scie.

8   *apparent – évident, trompeur.*
a   Sa politesse *apparente* cache des intentions malveillantes.
b   Nous n'avons pas pu faire semblant de ne pas remarquer ce mensonge trop *apparent*.

9   *épais – consistent, dense, lourd, trapu.*
a   Un brouillard *épais* cachait la cime des montagnes.

b C'est un petit homme *épais;* il pèse trop lourd pour sa taille.

c Pour commencer, préparez d'abord une sauce blanche assez *épaisse.*

d Ses plaisanteries sont un peu *épaisses.*

10 *juste – intègre, légitime, précis, vrai.*

a Est-ce que vous avez l'heure *juste?*

b Vous avez dit des choses très *justes.*

c Les travailleurs ont présenté leurs *justes* revendications à la direction.

d La première qualité pour un magistrat, c'est d'être *juste.*

11 *fameux – "dont on a beaucoup parlé", extraordinaire, renommé.*

a La Bourgogne est *fameuse* pour ses vins et sa gastronomie.

b Personne n'a jamais vu ce *fameux* Pierre.

c Le pâté du chef n'était pas *fameux.*

12 *pareil – identique, semblable.*

a Une *pareille* idée ne me viendrait jamais à l'esprit.

b Sa maison est à peu près *pareille* à la mienne.

13 *lâche – méprisable, peu serré.*

a Il est parvenu à ses fins en se servant de procédés *lâches.*

b Le nœud est *lâche;* on peut le défaire facilement.

14 *sourd – étouffé, ne pas entendre, secret.*

a Une personne *sourde* c'est quelqu'un qui . . .

b Des bruits *sourds* nous parvenaient de la pièce voisine.

c Des luttes *sourdes* divisaient les ministres.

15 *particulier – individuel, personnel, privé, spécial.*

a Pour exercer ce métier, il ne faut aucune aptitude *particulière.*

b Le chef lui a accordé un entretien *particulier.*

c Il utilise tantôt une voiture de l'usine, tantôt sa voiture *particulière.*

d Malheureusement, il était impossible de prendre en considération les cas *particuliers.*

16 *précieux – affecté, très utile, de valeur.*

a On a dû vendre les quelques objets *précieux* qu'on possédait.

b Je n'aime pas sa façon de parler un peu *précieuse.*

c Il s'est montré un *précieux* collaborateur.

17 *sage – obéissant, prudent, raisonnable.*

a Vous avez été *sage* de ne pas vous risquer dans cette histoire.

b Il est devenu *sage* à ses dépens.

c Les enfants *sages* auront une récompense.

18 *entier – intégral, intègre, plein, total.*

a C'est un homme trop *entier* pour accepter ce compromis.

b Il reste une boîte de peinture *entière,* et une autre entamée.

c Ma confiance en lui reste *entière.*

d Maintenant son œuvre *entière* a été éditée.

19 *religieux – respectueux, sacré.*

a La cérémonie fut accompagnée de chants *religieux.*

b Ils écoutaient leur chef avec une attention *religieuse.*

20 *commode – confortable, facile.*

a Prenez donc ce fauteuil *commode;* vous y serez beaucoup mieux.

b Il faut être prudent avec lui; il n'est vraiment pas *commode.*

21 *drôle – amusant, bizarre.*

a Je trouve que le chat a l'air *drôle* ces derniers jours. Il ne serait pas malade?

b Elle nous a fait bien rire avec ses histoires *drôles.*

c Quelle *drôle* d'idée de sortir sans manteau par ce temps affreux.

22 *rigoureux – rude, sévère, strict.*

a Si tu te fais attraper, tu peux compter sur une punition *rigoureuse.*

b L'almanach prédit que nous aurons un hiver *rigoureux.*

c Dans le conflit qui oppose les deux pays, nous nous efforcerons de garder une neutralité *rigoureuse.*

23 *confus – désolé, embrouillé.*

a Je suis vraiment *confus* de vous déranger; je ne croyais pas que vous étiez occupé.

b La situation est tellement *confuse* qu'il vaut mieux attendre un peu avant de juger.

24 *brave – courageux, honnête et bon.*

a Ce sont de *braves* gens, qui ne cherchent certainement pas à vous causer des ennuis.

b Ma mère s'est montrée très *brave* dans cette situation difficile.

II-1 Des goûts et des couleurs il ne faut pas disputer!

Remplacez le mot souligné par un mot qui exprime l'idée contraire.

1 Vous trouvez ces pommes *acides?* – Au contraire, je les trouve . . .

2 Ce plat n'est pas du tout *fade*, il est . . .

3 Quand mon mari trouve le café trop *fort*, je le trouve . . .

4 On y sert des repas *copieux?* – Quelle idée! Ils sont plutôt . . .

5 Est-ce que le potage est trop *salé?* – Non, je le trouve plutôt . . .

doux, fade, léger, léger, relevé.

II-2 C'est comme vous voulez, Madame.

1 Vous désirez des raisins *verts* ou plutôt . . .?

2 Des épinards *frais* ou . . .

3 Du fromage à pâte *molle* ou à pâte . . .?

4 Du café *moulu* ou . . .?

5 Du raisin *blanc* ou du raisin . . .?

6 Du vin *blanc* ou du vin . . .?

7 Du lait *frais* ou du lait . . .?

8 Vous voulez des petits pains *durs* ou . . .?

concentré, dur, en conserves, en grains, mûr, noir, rouge, tendre.

III-3   Tout le monde peut se tromper.

1 Je croyais qu'il était *célèbre*. – Pas que je sache, il est totalement . . .

2 Votre fille est *blonde*, je crois. – Pas du tout! Elle est . . .

3 Il est *bavard*, m'a-t-on dit. – Au contraire, il est plutôt . . .

4 Non, l'île sur laquelle on a construit la gare n'est pas *naturelle*, elle est . . .

5 Ce n'est pas là le point *essentiel*, c'est plutôt . . .

6 Des nouvelles *inquiétantes* nous sont parvenues. A y regarder de plus près, elles étaient plutôt . . .

7 La terre dans cette région montagneuse est *aride*, je crois. – Non, elle est . . .

8 Ils ont procédé d'une manière *systématique*. – Ah, tu crois? Moi je les trouve plutôt . . .

9 Est-ce que la crise ministérielle est *antérieure* à la mort du Premier ministre? – Non, elle est . . . à cet événement.

10 Maintenant je ne me rappelle plus s'il fallait barrer tous les nombres *pairs* ou les nombres . . .

11 Ce tissu a l'air *lisse*, mais au toucher il est plutôt . . .

12 Quand est-ce que tes frères sont nés? – Mon frère *aîné* est de 1945, mon frère . . . est né en 1949.

13 Les événements décrits dans ce roman ne sont pas *réels*, ils sont purement . . .

14 Est-ce que le produit se présente sous une forme *solide?* – Non, il est . . .

artificiel, brun, cadet, désordonné, fertile, imaginaire, impair, inconnu, liquide, postérieur, rassurant, rugueux, secondaire, silencieux.

III-4   Les jours se suivent et ne se ressemblent pas.

1 Hier, le ciel était *clair*. Aujourd'hui il est . . .

2 Hier, les enfants étaient *bruyants*. Aujourd'hui ils sont . . .

3 Hier, il faisait une chaleur *torride*. Aujourd'hui nous avons un froid . . .

4 Hier, tu semblais *inquiète*. Aujourd'hui tu parais . . .

5 L'année dernière, ces cours étaient *obligatoires*. Cette année, ils sont . . .

6 Autrefois on croyait cet animal *dangereux*. Aujourd'hui on sait qu'il est . . .

7 Tu m'as dit qu'il avait des opinions *modérées*. Moi, je les trouve plutôt . . .

8 Hier, tu le trouvais *orgueilleux*, maintenant tu dis qu'il est . . .

9 Jean a traité le sujet d'une manière très *approfondie*, mais toi, tu l'as traité d'une façon bien . . .

calme, couvert, extravagant, facultatif, glacial, inoffensif, modeste, rassuré, superficiel.

II-5[++] **On ne dirait pas que ce sont des jumeaux, car ...**

1 L'un est *gros*, l'autre est ...
2 L'un a les joues *rondes*, l'autre les a ...
3 L'un a les épaules *larges*, l'autre les a ...
4 L'un a une silhouette *massive*, l'autre est ... comme une tige.
5 L'un a le teint *coloré*, l'autre a le teint ...
6 L'un a de *grosses* mains, l'autre a des mains ...
7 L'un a un cou *puissant*, l'autre a un cou ...
8 L'un a des cheveux *brillants*, l'autre des cheveux ...
9 Les vêtements de l'un sont d'un goût *simple*, ceux de l'autre d'un goût ...
10 La tenue de l'un est *négligée*, celle de son frère est très ...
11 Son col est souvent *sale*, celui de son frère est toujours ...

creux, élancé, étroit, fin, grêle, maigre, pâle, propre, recherché, soigné, terne.

II-6[++] **Ils s'opposent aussi par leurs caractères.**

1 L'un est *pacifique*, l'autre est ...
2 L'un est *instruit*, l'autre est ...
3 L'un est *faux*, l'autre est ...
4 L'un est *naïf*, l'autre est ...
5 L'un est *communicatif*, l'autre est ...
6 L'un *a de l'assurance*, l'autre est ...
7 L'un est *posé*, l'autre est ...
8 L'un est *décontracté*, l'autre est ...

agressif, composé, étourdi, ignorant, malin, réservé, sincère, timide.

II-7[++] **Tantôt noir, tantôt blanc.**

Les paires antonymiques ne sont pas toujours des oppositions simples telles que grand/petit. *Souvent un mot a deux contraires différents selon l'acception dans laquelle on le prend.*
Par exemple: ancien − moderne, nouveau; *c'est un meuble* ancien − *c'est un meuble* moderne; *c'est mon* ancienne *maison − c'est ma* nouvelle *maison. Trouvez à chaque fois un contraire différent pour le mot souligné.*

1 *sain − malsain, pourri.*
a Il n'y a que peu de pommes *saines* dans le panier.
b Il a une mentalité *saine*.
c Le climat de cette région est *sain*.
2 *calme − agité, bruyant.*
a Je croyais que vous habitiez dans une rue *calme*.
b En écoutant le verdict du jury, il restait d'abord *calme*, mais après il devenait ...

3 *vieux – neuf, nouveau, jeune.*
a Je mettrai mon *vieux* manteau pour travailler dans le jardin, et non pas mon manteau . . .
b C'est un *vieil* ami. Je le connais depuis longtemps. C'est un . . . ami; je viens de faire sa connaissance.
c Tu trouves qu'il a l'air *vieux?* – Non, je trouve qu'il a l'air . . .
4 *simple – compliqué, prétentieux, travaillé.*
a Malgré sa brillante situation, il a su rester *simple*. Son collègue par contre est devenu . . .
b L'intrigue de la pièce n'est pas *simple;* elle est . . .
c Voici une bague *simple*. Je la préfère à l'autre qui est plus . . .
5 *grossier – fin, précis, raffiné.*
a J'ai une idée *grossière* de la question.
b C'est une nourriture *grossière*, pas du tout . . .
c Un tissu *grossier* fera l'affaire; nous n'aurons pas besoin d'un tissu très . . . pour ce rideau.
6 *juste – boiteux, faux, large, partial.*
a Elle a la voix *juste*.
b Votre raisonnement est *juste*.
c La veste est un peu *juste*.
d Le professeur est *juste* dans ses notations.
7 *ordinaire – exceptionnel, de première qualité.*
a Nous avons l'habitude de boire au repas du vin *ordinaire*, le vin . . . coûte trop cher.
b De nouveaux attentats sont annoncés. Les autorités ont pris les mesures de sécurité *ordinaires*, complétées de quelques mesures . . .

IV-1 Ne tombez pas dans le piège.

Certains mots se ressemblent beaucoup quant à leur forme, mais ont un sens différent. Donc ne confondez pas:

1 *aigre – aigu.*
a Cette sauce est un peu . . . à mon goût.
b Je me suis blessé à la pointe . . . du couteau.
2 *capable – coupable.*
a Je me demande si cet athlète est . . . de dépasser les sept mètres au saut en longueur.
b L'accusé a déclaré qu'il s'était bien trouvé sur le lieu du crime, mais qu'il n'était . . . de rien.
3 *chauve – chauvin.*
a Je croyais qu'il avait beaucoup de cheveux, mais pas du tout, il est . . . comme une bille.
b J'aime bien le football, mais je déteste ces supporters . . . qui applaudissent uniquement les exploits de l'équipe nationale.
4 *civil – civique – civilisé.*
a Dans l'enseignement moderne, l'instruction . . ., c.-à-d. l'instruction sur les devoirs et les droits du citoyen, doit occuper une place importante.
b C'est en 1936 qu'a commencé la guerre . . . en Espagne.

c Ne tombons pas dans le piège qui consiste à penser que les pays industrialisés sont les seuls . . . du monde.

5 *cru – cruel.*

a Ce gardien . . . se plaît à torturer les prisonniers.

b Il y a des gens qui pensent que, pour maigrir, il faut manger des légumes . . . plutôt que des légumes cuits.

6 *cultivé – culturel.*

a Belle van Zuylen comptait parmi les esprits les plus . . . de son époque.

b L'Institut Français aux Pays-Bas joue un rôle éminent dans les relations . . . entre la France et notre pays.

7 *décidé – décisif.*

a Ce n'est que vers la fin du match que notre équipe a marqué le but . . .

b Vous réussirez à le convaincre à condition d'être bien . . .

8 *étrange – étranger.*

a En France, on trouve les travailleurs . . . essentiellement dans les grandes villes.

b Pourquoi trouves-tu . . . que je ne veuille pas passer mes vacances en Grèce?

9 *expérimental – expérimenté.*

a Avant de lancer la nouvelle voiture, les Usines Renault ont étudié un grand nombre de voitures . . .

b Je ne suis pas très fort en statistique, mais auprès de certains de mes collègues, je me sens un statisticien . . .

10 *familial – familier.*

a C'est surtout à l'étranger que je regrette la vie . . .

b Que je suis heureux de rentrer dans ma ville natale. Tout m'y est . . .

11 *impératif – impérial – impérialiste.*

a Bien des soldats des troupes . . . ont trouvé la mort lors de la campagne de Napoléon en Russie en 1812.

b Il me parlait d'une voix si . . . que je n'osais pas lui désobéir.

c C'est après 1945 que les pays de l'Europe occidentale ont abandonné leur politique . . .

V-2

1 *important – imposant.*

a A l'occasion du centenaire du royaume, on a élevé un monument . . .

b Les choses en apparence les moins . . . entraînent souvent les plus graves conséquences.

2 *officiel – officieux.*

a Est-ce qu'il faut vraiment s'en tenir à cette décision? – Oui, c'est une décision . . .

b C'est une nouvelle . . .; elle n'a pas encore été confirmée par les autorités.

3 *passable – passager – passant.*

a Souvent l'amour n'est qu'un sentiment . . .

b Votre travail n'est ni excellent ni déplorable; il est . . .

c Mes affaires marchent très bien, parce que mon magasin est situé dans une rue très . . .

4 *brut – brutal.*

a   En ajoutant l'emballage au poids net, on obtient le poids . . .

b   La mort de son meilleur ami a été pour lui un choc . . .

c   Il ne faut s'attendre à aucun sentiment de pitié de sa part; c'est un homme . . .

5 *indolent – indulgent – insolent.*

a   A voir ces gens . . ., on croirait qu'ils sont très paresseux.

b   Je n'aime pas du tout le ton . . . dont vous me parlez.

c   A quoi bon être si . . . à son égard? Crois-tu vraiment qu'il en sera moins méchant?

6 *réuni – unifié – unique – uni.*

a   A écouter la radio, on dirait que tous les chanteurs pop sont des gens . . .

b   C'est une famille très . . .; ils s'entendent tous très bien.

c   Tous tes arguments . . . ne sauraient me convaincre de mon tort.

d   Aux élections législatives de mars 1973 le parti socialiste . . . a remporté trois sièges à l'Assemblée Nationale.

7 *originaire – original – originel.*

a   Est-ce que tu connais le sens . . . du mot parlement?

b   Comment s'appelle-t-il? – Le Goff. – Alors, il doit être . . . de la Bretagne!

c   Il est rare qu'on trouve des solutions . . . à ce genre de problèmes communs.

8 *métallique – métallurgique*

a   Les objets étaient en bois, mais la peinture bleue leur donnait un éclat . . .

b   Dans les départements du Nord et du Pas-de-Calais on trouve l'industrie textile et l'industrie . . .

9 *progressif – progressiste.*

a   Je n'aime pas les évolutions brusques; je préfère les évolutions . . .

b   Pour réformer les structures de notre société, il faut compter sur les forces . . .

10 *provençal – provincial.*

a   Dans Paris même on peut encore trouver de petits coins bien . . ., bien qu'ils soient devenus rares.

b   Frédéric Mistral compte parmi les poètes . . . les plus connus.

11 *partial – partiel.*

a   Nous avons fait de notre mieux pour arriver à un bon résultat, mais la réussite a été . . . seulement.

b   L'arbitre était très . . . C'est à cause de lui que nous avons perdu.

12 *pacifiste – pacifique – paisible.*

a   Dans un petit village, la vie est beaucoup plus . . . que dans la grande ville.

b   La Suède est considérée comme un pays . . . parce qu'elle n'a participé ni à la Première Guerre Mondiale ni à la Deuxième.

c   Dans certains pays les partisans de l'idéal . . . se sont organisés dans des partis politiques.

Comparaison n'est pas raison.

1 Charles me suit partout où je vais. Il est . . . comme un chien.
2 Mon mari me fait des scènes terribles quand je parle à un autre homme. Il est . . . comme un tigre.
3 Etienne est formidable en gymnastique. Il est . . . comme un singe.
4 Louis a l'air chétif, mais détrompez-vous: il est . . . comme un lion.
5 Xavier n'y voit rien. Il est . . . comme une taupe.
6 N'ayez pas peur d'Adolphe. Il est . . . comme un agneau.
7 Michel est étendu au soleil toute la journée, . . . comme un lézard.
8 Ton frère n'aurait jamais fait une chose pareille; il est . . . comme le pain.
9 Elvire est une ravissante jeune fille et, en plus, elle est . . . comme un pinson. – Ah! sûrement, et elle est . . . comme un cœur.
10 Gérard était . . . comme un paon d'avoir marqué un but.
11 Méfie-toi de Blaise. Il est . . . comme un renard.
12 Pierre, silencieux? – Il est . . . comme une pie.

agile, aveugle, bavard, bon, doux, fidèle, fier, fort, gai, gentil, jaloux, paresseux, rusé.

1 J'avais compté sur un accueil chaleureux de sa part, mais il a été . . . comme le marbre.
2 Vous avez tort de douter de sa sincérité; il est . . . comme l'or.
3 C'est triste d'être . . . comme une bille quand la mode est aux cheveux longs.
4 Tu es malade? Tu es . . . comme la mort.
5 Qu'est-ce que tu as fait encore? Te voilà . . . comme une tomate.
6 Ne t'adresse pas à Pierre; il est . . . comme une porte de prison.
7 Je ne comprends pas pourquoi tu es amoureuse de ce garçon. Il est . . . comme un panier et . . . comme une mule.
8 Inutile d'insister. Il n'a pas dû entendre la sonnerie du téléphone, parce qu'il est . . . comme un pot.
9 Je viens de rencontrer ton ami. Il n'est pas mal, mais il est . . . comme un jour sans pain et . . . comme un clou. – Oh! tu n'es pas gentille, parle pour toi-même, tu es . . . comme une teigne.
10 Pendant qu'il se baignait, on lui a volé ses vêtements. Il a dû rentrer chez lui . . . comme un ver.
11 En voyant le grand chien, le petit garçon est devenu . . . comme un linge.
12 Je ne comprends pas que tu le comptes parmi tes amis. Il est . . . comme un jeton.
13 Encore une soirée de gâtée. Le garçon que tu m'as présenté est resté . . . comme une carpe toute la soirée.

aimable, blanc, chauve, faux, franc, froid, long, maigre, méchant, muet, nu, pâle, rouge, sot, sourd, têtu.

V-3++   Encore des comparaisons.

1 Ce garçon n'y comprend rien. Il est . . . comme ses pieds.
2 Depuis qu'il est rentré dans son pays natal, il est . . . comme un poisson dans l'eau.
3 Vous avez vu le bébé? Il est beau comme un chérubin. – Ça m'étonne, parce que son père est . . . comme un pou! – D'accord, mais sa mère est . . . comme une reine.
4 Tu ne comprends pas ça? Pourtant c'est . . . comme de l'eau de roche.
5 Il n'a pas trouvé le mot de l'énigme. Pourtant c'était . . . comme bonjour.
6 Ces amandes ne sont pas bonnes. Elles sont . . . comme fiel.
7 Toutes les filles tombent amoureuses de cet homme. Ce n'est pas étonnant, il est . . . comme un dieu.

amer, beau, beau, bête, clair, heureux, laid, simple.

VI-1++   Annoncez la couleur!

1 Après avoir examiné le projet de loi, le cabinet a donné le feu . . . de sorte que le ministre peut présenter le projet à l'Assemblée Nationale.
2 Lui voit tout en . . ., tandis que sa sœur est de caractère plutôt pessimiste.
3 Il ne faut pas te faire des idées . . . Tout finira par s'arranger.
4 J'ai tant de confiance en vous que je vous donne carte . . . pour organiser le voyage.
5 Quand le steward nous a dit d'attacher nos ceintures de sécurité pendant qu'on volait à une altitude de 2 000 mètres, j'ai eu une peur . . .
6 Il est fâché que tu ne l'aies pas salué. – Je ne l'ai pas reconnu, tu sais, la nuit tous les chats sont . . .
7 La ceinture . . . de Paris constitue un des bastions du Parti Communiste français.
8 Par la "jeunesse . . ." on entend les jeunes gens riches, élégants et qui ne pensent qu'à s'amuser.
9 Mon frère est incapable de rester fidèle à une seule amie; il court de la . . . à la blonde.

blanc, bleu, brun, doré, gris, noir, rose, rouge, vert.

VI-2++   On vous en fait voir de toutes les couleurs!

1 Nous avons passé une nuit . . . parce que l'orage nous a empêchés de dormir.
2 Le cardinal Richelieu était l'éminence . . . du roi.
3 Qu'est-ce que vous pensez des gens qui font du travail . . . dont ils ne déclarent pas les revenus au fisc?

4 Il en disait des . . . et des pas mûres, uniquement pour nous choquer.

5 Ce que vous dites là revient au même; c'est . . . bonnet et bonnet . . .

6 Il y a des hommes qui n'exigent d'une femme qu'une seule qualité: qu'elle soit un cordon-. . .

7 Mon père a quatre-vingts ans, mais il ne paraît pas son âge. Il est encore . . .

8 Pendant l'hiver de 1944-1945 la plupart des denrées pouvaient s'acquérir seulement au marché . . .

9 Je ne sais vraiment pas ce qu'elle veut: elle dit tantôt . . . tantôt . . .

10 A quoi bon essayer de lui remonter le moral, puisqu'il voit tout en . . .

11 En voyant le gros chien, le petit garçon devenait . . . de peur.

blanc, blanc, blanc, blanc, bleu, gris, noir, noir, noir, noir, vert, vert, vert.

VII-1

Certains adjectifs peuvent s'employer comme adverbe, par exemple: il chante *faux.*

1 Ton adversaire est un homme si habile que tes arguments ne pèseront pas . . .

2 Pour la préparation des biftecks hachés, prenez 400 g. de viande hachée, un œuf, du sel, du poivre, du persil haché . . . et une cuillerée à soupe d'huile.

3 Par suite de l'inflation, tout coûte plus . . . que l'année dernière.

4 Chez nous, ça sent toujours . . ., sans doute à cause de l'usine chimique qui est située dans le quartier.

5 Les avions volaient si . . . que nous pouvions distinguer nettement les visages des pilotes.

6 Je ne sais pas exactement ce qui ne va pas, mais je sens que cela ne tourne pas . . .

7 Ce que tu dis là, mon vieux, sonne . . .; tu n'es pas sincère.

8 Le tonneau doit être vide; il sonne . . .

9 Mon père est un homme curieux; il n'aime pas les fleurs, même quand elles sentent . . .

10 Le prêtre savait si bien choisir ses mots et ses arguments que cela nous allait . . . au cœur.

bas, bon, cher, creux, droit, faux, lourd, mauvais, menu, rond.

VII-2

1 Malheureusement Best a visé trop . . . .de sorte que le ballon a passé par-dessus le but.

2 Je ne veux plus le voir. Je le lui ai dit tout . . .

3 En entendant les applaudissements des spectateurs le coureur a tenu . . . malgré sa fatigue.

4 D'un ton sec il a coupé . . . à toutes les discussions.

5 Les habitants des grandes villes ont tendance à voter . . .

6 Si tu cries très . . . on t'entendra sûrement.

7 Tu chantes si . . . que j'en ai des frissons dans le dos.
8 Si tu crois que je vais filer . . . avec toi, tu te trompes; tes menaces ne me font pas peur.
9 Depuis que j'ai découvert ses motifs, je commence à voir . . . dans cette affaire.
10 Si tu veux comprendre les maths, il te faudra commencer par apprendre à raisonner . . .
11 Le jeune homme était si triste à l'idée de devoir quitter son amie qu'il la serrait . . . dans ses bras.
12 Il y a des gens qui ont travaillé . . . toute leur vie et qui finissent quand-même leurs jours dans la misère.

bon, clair, court, doux, dur, faux, fort, fort, haut, juste, net, rouge.

VIII-1

Trouvez la phrase qui rend le mieux la signification de l'adjectif donné.

1 Il est *conservateur.*
2 C'est un homme *franc.*
3 Il a préféré rester *anonyme.*
4 Il était *absent.*
5 Il est *indécis.*
6 Il est *gourmand.*
7 C'est un esprit *curieux.*
8 Il est *impatient.*
9 Il est *lâche.*
10 Il est *méchant.*
11 Il est *ambitieux.*

a il aime les bonnes choses;
b il a tendance à s'opposer à tout changement;
c il cherche toujours à faire du mal;
d il désire réussir;
e il est lent à prendre une décision;
f il manque de courage;
g il n'aime pas attendre;
h il n'a pas dit qui il était;
i il n'était pas chez lui;
j il s'exprime sans rien cacher;
k il veut être au courant de tout.

VIII-2

Jouons au même jeu!

1 C'est un homme *agréable.*
2 C'est un homme *désintéressé.*
3 Il est *travailleur.*
4 C'est un homme *redoutable.*
5 Il est *centenaire.*

6   Il est très *avide*.
7   C'est un homme *exceptionnel*.
8   Il est *indiscret*.
9   Il est *matinal*.
10   Il n'en était pas *capable*.
11   Il est *célèbre*.
12   Il est *indifférent*.
13   Il a un visage *féminin*.

a   il a des qualités rares;
b   il est capable de tout pour obtenir de l'argent;
c   il est connu de tout le monde;
d   il est né il y a cent ans;
e   il inspire de la crainte à tout le monde;
f   il n'aime pas rester à ne rien faire;
g   il n'a pas su faire ce travail;
h   il ne se laisse pas guider par son propre intérêt;
i   il se lève de bonne heure;
j   il se mêle de choses qui ne le regardent pas;
k   il y a peu de choses qui l'émeuvent;
l   qui ressemble à celui d'une femme;
m   on aime sa compagnie.

IX-1   Allons en sens inverse.

1   On n'a pas besoin de pousser la porte pour la fermer. Elle est à fermeture . . .
2   On l'a nommé chef d'équipe, mais pas pour toujours. Sa tâche n'est que . . .
3   Il est de première importance que tu fasses ce travail. C'est . . .
4   Il a réussi dès la première tentative. Son succès a été . . .
5   Quelle couleur a sa voiture? – Noire, je crois; en tout cas une couleur très . . .
6   On utilise les tracteurs pour travailler la terre. Ce sont des machines . . .
7   Il est dans la marine de guerre? – Non, il est dans la marine . . .
8   Je cherche un appareil qu'on peut faire fonctionner avec aisance: un appareil . . .
9   Tout notre travail n'a servi à rien. Il a été . . .
10   A l'oral d'allemand mes résultats n'étaient ni bons ni mauvais. J'ai eu la mention . . .
11   Il exerce la profession d'avocat et son frère celui de médecin. Ce sont des professions . . .
12   Mets un vieux pantalon. C'est un travail . . .
13   Je peux emporter mon poste de radio partout où je vais parce que c'est une radio . . .
14   Dans l'espoir d'égaliser, les joueurs ont attaqué tous ensemble. C'était une attaque . . .

15 La météo a annoncé que les routes risquent d'être . . . à cause de la neige et du verglas.
16 Cette revue paraît tous les mois. C'est une publication . . .
17 Il y a eu des victimes? – Non, heureusement l'accident n'était pas . . .

agricole, automatique, foncé, glissant, immédiat, inutile, libéral, maniable, marchand, massif, mensuel, mortel, passable, portatif, primordial, provisoire, salissant.

IX-2++ 1 Tu vas passer tes vacances en Espagne? – Oh, non! Je suis trop . . . à la chaleur.
2 Cet homme se vexe facilement de ce qu'on lui dit; il est . . .
3 Il sait trouver une solution à tout. Il est . . .
4 Cet homme est très bien placé pour vous donner toutes les informations nécessaires. Il est . . . en la matière.
5 Ce n'est pas lui qui est le premier responsable. Il n'est que le directeur . . .
6 Il n'a jamais pitié de personne. Il est . . .
7 Tes réactions ne sont pas très rapides. Que tu es . . .
8 Elle manque d'honnêteté. Elle est . . .
9 Je suis très sensible au froid. Je suis . . .
10 Elle pardonne facilement ce qu'on lui fait. Elle est . . .
11 Je n'ai rien fait! Je suis absolument . . .
12 Il n'est pas encore rentré. J'ai peur que quelque chose lui soit arrivé. Je suis . . .
13 Personne n'a la vie éternelle. Tous les hommes sont . . .

adjoint, débrouillard, expert, frileux, impitoyable, indulgent, innocent, inquiet, lent, malhonnête, mortel, sensible, susceptible.

IX-3++ 1 Il manque d'habileté. Il est . . .
2 Tout le monde le déteste, car il est . . .
3 Je ne travaille pas ici tous les jours. Je fais partie du personnel . . .
4 Ce garçon ne comprend absolument rien. Il est . . .
5 Il ne travaille plus à cause de son grand âge. C'est un . . .
6 C'est un homme . . . Il recherche le plaisir des sens.
7 Il a fait preuve d'un grand courage. Il s'est distingué par sa conduite . . .
8 Elle est très développée pour son âge. C'est une enfant . . .
9 Il réfléchit toujours avant d'agir. Il est . . .
10 Mon ami est d'une fidélité à toute épreuve. C'est un ami . . .
11 Mon frère n'est pas marié. Il est . . .
12 Napoléon a vécu de 1769 à 1821, Beethoven de 1770 à 1827. Ils sont . . .
13 Il mérite tout notre respect pour cet acte courageux. Il est . . . de notre admiration.

auxiliaire, célibataire, contemporain, dévoué, digne, héroïque, idiot, maladroit, odieux, précoce, prudent, retraité, sensuel.

IX-4 ++ Encore un petit effort.

1 Il s'agit d'un ouvrage . . . *collectif* car une équipe d'auteurs y a collaboré.
2 Le livre est . . . *favorable*, il vient de paraître.
3 Je dois vraiment commander ce livre? – Oui, il est . . . pour ton travail.
4 Ce livre-là n'est ni bon ni mauvais. Il est . . .
5 Ce livre-ci donne les notions premières des mathématiques. C'est un ouvrage . . .
6 Est-ce qu'on a publié les lettres de cet auteur? Non, elles sont restées . . .
7 Je lis le journal tous les jours. C'est ma lecture . . .
8 C'est à tort que le tribunal l'a condamné. C'est une erreur . . .
9 Une assemblée qui fait les lois est une assemblée . . .
10 Le notaire n'a pas encore dressé l'acte définitif. Il nous a remis un document . . .
11 Cet enseignement n'est pas donné par des religieuses. C'est un enseignement . *laïque*
12 L'île est desservie par un bateau une fois par semaine. Le bateau entretient un service . *hebdomadaire*
13 Ce que vous faites est contraire à la loi. Votre action est *illégal*
14 D'accord, Ajax a gagné la Coupe d'Europe trois fois de suite, mais il ne faut pas que ces trois victoires . *successives* vous rendent trop chauvin.
15 L'appartement est tellement . . . *sonore* qu'on entend tout ce que disent les voisins.
16 J'ai oublié de renouveler mon permis de conduire; il n'est plus *valable*.
17 Les circonstances *favorables* . . . ont facilité l'exécution du projet.

collectif, élémentaire, favorable, hebdomadaire, illégal, indispensable, inédit, judiciaire, laïque, législatif, moyen, provisoire, quotidien, récent, sonore, successif, valable.

/ secular / layman
valid

X-1 Quand il n'y en a plus, il y en a encore.

full to crowded 1 Il est impossible de trouver encore de la place dans la salle. Elle est . *comble*
2 On n'a pas besoin de payer. L'entrée est . *gratuit*
3 Le théâtre est rond. Les spectateurs sont assis autour d'une scène . *ronde circulaire*
sunk meadow 4 Le sol des polders donne une production abondante. Le sol est *fertile*
5 Comme Paris a changé! La ville est à peine . *reconnaissable*.
6 En France, on trouve des communes qui ne comptent plus aucun habitant. Elles sont . *dépeuplé désert*
7 Je n'ai pas une famille *nombreuse* . . ., car je n'ai que deux enfants.
8 En France, certaines régions ne comptent plus que très peu d'habitants. Elles sont . *dépeuplé*

industriel

9   La région parisienne est une région . . . On y trouve toutes sortes d'usines et de fabriques.
10 Aux heures de pointe tous les autobus sont . *bondés.*

choc / full bondé, circulaire, comble, dépeuplé, désert, fertile, gratuit, industriel, nombreux, reconnaissable.

X-2   De la pluie et du beau temps.

1   Dans les forêts tropicales les pluies sont très abondantes. Aussi l'atmosphère y est-elle très . *humide*
2   Tantôt il pleut, tantôt il fait du soleil. Le temps est . *instable*
3   Chez nous, le climat n'est ni trop froid ni trop chaud. Nous avons un climat . *modéré*
4   Les algues *marin* sont des algues qui poussent dans la mer.
5   Quel genre de produits sont le lait et le fromage? Ce sont des produits . *laitier*
6   Ces arbres donnent des pommes et des poires. Ce sont des arbres . *fruitier*
7   Un jardin où l'on peut cultiver des légumes est un jardin . *potager*
8   Est-ce que tu aimes la boisson bien froide? – Oui, je l'aime . *glacé*
9   Ce produit comprend des substances qui vous rendent malade. Il est . ~~rassis~~ *toxique*
10 Tu as acheté trop de pain. On ne l'a pas mangé et maintenant il est . *rassis*

fruitier, glacé, humide, instable, laitier, marin, modéré, potager, rassis, *stale* toxique.

X-3

1   Il refuse de coopérer. Sa mauvaise volonté est . *défavourable*
2   Tes explications m'ont été très utiles: maintenant l'affaire est . *clair* pour moi.
3   Est-ce qu'il a approuvé le projet? – Non, il a donné un avis . *négatif*
4   Son opinion n'a pas changé. Ses opinions sont . . . à ce sujet. *invariable*
5   Est-ce que tout le monde était de cet avis? Oui, telle était l'opinion . *général*
6   J'ai demandé un jour de congé, mais le chef me l'a refusé. Sa réponse était . . .
7   Je m'étais attendu à une forte opposition de la part du public et en effet son attitude a été . ~~nuisible~~ *hostile*
get on with 8   Nous ne nous entendons pas du tout. Nos caractères sont absolument . *incompatible*
9   Il est impossible d'éviter cette issue. Elle est . *fatale.*
10 Le couronnement a donné lieu à une grande cérémonie. C'était un événement . *solennel*
11 Il réussit toujours à terminer avant les autres. C'est qu'il a une méthode de travail très . *efficace*
12 La surface ne présente aucune irrégularité. Elle est parfaitement . *lisse*
13 A quoi bon fumer? C'est . . . à la santé.
                            nuisible

14 Eddy Merckx a gagné avec sept minutes d'avance. C'était encore
   une victoire . *éclatant*

15 L'ensemble des citoyens qui ont le droit de vote s'appelle le corps
   électoral

effective

clair, défavorable, éclatant, efficace, électoral, évident, fatal, général,
hostile, incompatible, invariable, lisse, négatif, nuisible, solennel.
   smooth   *harmful*

X-4

Trouvez la phrase qui correspond le mieux à l'adjectif donné.

1 Un autocar est venu en sens *inverse*.
2 La différence entre les deux voitures est *considérable*.
3 C'est *obligatoire*.
4 Ses visites étaient très *fréquentes*.
5 Oui, c'est un jour *férié*.
6 C'est un nombre *impair*.
7 Ce sont les troupes *ennemies* qui ont commencé.
8 Il m'en a donné un récit *fidèle*.
9 C'est un vêtement *masculin?*

a c'est l'adversaire qui a tiré le premier;
b elles sont loin d'être identiques;
c en entrant dans le mosquée les visiteurs doivent ôter leurs
  chaussures;
d il est venu de l'autre côté;
e il m'a raconté l'aventure exactement comme elle s'était passée;
f il venait te voir souvent;
g est-ce qu'il y a une fête nationale aujourd'hui?;
h on ne peut pas le diviser par deux;
i oui, bien que les femmes le mettent elles aussi.

X-5

1 C'est une musique *joyeuse*.
2 Cet objet est *lumineux*.
3 L'événement était absolument *imprévu*.
4 Il a un visage *expressif*.
5 La maladie est très *contagieuse*.
6 Les deux objets sont *identiques*.
7 C'est un animal *domestique*.
8 C'était *involontaire*.
9 Elle a été *meurtrière*.

a cette maladie se transmet facilement;
b elle a secoué la tête sans le vouloir;
c elle me rend gai;
d je ne vois aucune différence;
e il répand de la lumière;
f il s'est adapté à la vie parmi les hommes;

g la bataille a fait beaucoup de victimes;
h on ne s'y était pas du tout attendu;
i tous ses sentiments s'y lisent.

XI-1

1 Dans les démocraties occidentales, le Gouvernement a le pouvoir
. . . et le Parlement le pouvoir . . .
2 Dans certains domaines, les états qui forment les Etats-Unis ont
le droit de ne pas obéir au pouvoir . . .
3 Comme le gouvernement précédent a diminué les impôts, le
gouvernement actuel se trouve placé devant de graves problèmes
. . .
4 Les populations . . . de l'Europe ont cruellement souffert des
mesures nazies.
5 C'est après l'arrivée au pouvoir du général de Gaulle que la plupart
des colonies françaises sont devenues des états . . .
6 S'inspirant des idées de Marx on a fondé des partis . . .
7 La Première Guerre . . . a commencé en 1914.
8 Le gouvernement ne s'est prononcé ni pour la Grande-Bretagne
ni pour l'Islande. Il a préféré rester . . .
9 Dans la question de la construction d'un stade à Liverpool,
un désaccord s'est manifesté entre les autorités sportives et le
conseil . . .
10 Les bourses européennes et américaines ont été fermées à cause
de la crise . . .
11 Dans les pays de l'Afrique du Nord, la population . . . est plus
nombreuse que la population chrétienne.
12 La population . . . habite la campagne, la population . . . habite les
villes.
13 Par décret . . . Sa Majesté a accordé l'amnistie à tous les prisonniers.
14 Depuis la visite de M. Brejnev à M. Nixon, les relations . . . entre
l'URSS et les E.-U. se sont considérablement améliorées.
15 La plupart des pays du Tiers Monde sont des pays . . .
16 Comme les ouvriers sont mécontents des mesures que le gouvernement a prises, les organisations . . . ont annoncé de faire la grève.

exécutif, fédéral, financier, indépendant, juif, législatif, marxiste,
mondial, monétaire, municipal, musulman, neutre, réciproque, royal,
rural, sous-développé, syndical, urbain.

XI-2

1 Les mots qui figurent dans les phrases suivantes sont des mots . . .
2 Pour résoudre des problèmes de statistique, il faut avoir certaines
connaissances . . .
3 En août 1945 l'utilisation de bombes . . . a mis fin à la Deuxième
Guerre Mondiale.
4 A mesure que les réserves de pétrole et de gaz naturel s'épuisent,
on essaie de développer la production d'énergie . . .
5 L'abus de boissons . . . est nuisible à la santé.

6   Il y a quelques années seulement que les Britanniques ont intro-
     duit le système . . .
7   Dans la nature on distingue les règnes animal, végétal et . . .
8   L'industrie . . . comprend entre autres la construction automobile;
     l'industrie . . . s'occupe entre autres de la fabrication de matières
     plastiques.

alcoolique, atomique, chimique, mathématique, mécanique, métrique,
minéral, nucléaire, scientifique.

L'adverbe

-1

Mettez l'adverbe correspondant aux mots en italique.

1   Tous les membres du groupe de travail ont été très *actifs*. Ils ont tous participé . . .
2   Le conférencier a trouvé devant lui un auditoire *attentif*. Ils ont écouté . . .
3   Ce soi-disant Rembrandt est *faux*. On a attribué ce tableau . . . à Rembrandt.
4   Vous pouvez lui faire confiance, c'est un travailleur *consciencieux*. Il a travaillé très . . .
5   Ils ont été très *gentils* de nous recevoir comme ça. Ils nous ont reçus très . . .
6   Il m'a souri *avec* beaucoup d'*affection*. Il m'a souri . . .
7   Je lui ai répondu *avec franchise*. Je lui ai dit . . . ce que je pensais de lui.
8   Nous avons eu une *longue* discussion à ce sujet. Nous en avons discuté . . .
9   Tu aimes ce tableau? Moi, je le trouve *affreux*. Selon moi, il est . . . laid.
10 D'une voix *douce* il m'a avoué qu'il avait perdu les papiers. Il m'a dit . . . qu'il les avait perdus.

-2

1   Nous avons eu des pluies *abondantes* au mois de mars. Au mois de mars il a plu . . .
2   Ses maladies *fréquentes* lui font manquer beaucoup de leçons. Il est . . . malade, ce qui lui fait perdre beaucoup de leçons.
3   Par un *patient* travail l'équipe de chercheurs a réussi à isoler le virus. En cherchant . . . ils ont isolé le virus.
4   Un mouvement *inconscient* l'a trahi. Il s'est trahi . . .
5   Nous nous faisons une idée *différente* de la question. Nous pensons . . .
6   Sa gaîté *apparente* cache une profonde tristesse. . . . il est très gai, mais il cache ses véritables sentiments.
7   La plaidoirie de l'avocat était *brillante*. L'avocat a . . . plaidé la cause de l'accusé.
8   En me voyant tomber il a ri d'une façon *méchante*. Il a ri . . .

-3

1   Il nous a fait un *bref* récit de son aventure. Il nous a raconté . . . son aventure.
2   D'une voix *fière* il nous a annoncé qu'il avait gagné le premier prix. Il nous a annoncé . . . qu'il avait gagné le premier prix.
3   Il m'a répondu d'un ton *sec* qu'il n'avait pas le temps. Il m'a répondu . . . qu'il n'avait pas le temps.
4   En *premier* lieu il faudrait nettoyer tout l'appartement; ensuite nous pourrons refaire la peinture. . . . il faudrait nettoyer l'appartement.

5 Des nouvelles du front nous parviennent à un rythme *régulier*. Maintenant nous recevons . . . des nouvelles du front.
6 Pourrais-tu jeter un coup d'oeil *discret* dans les dossiers? Pourrais-tu regarder . . . dans les dossiers?
7 L'accident de chemin de fer a fait plusieurs blessés graves. Plusieurs personnes sont . . . blessées.
8 Essaie de lui dire d'une manière *gentille* qu'il s'est trompé de date. Dis-le lui . . .
9 C'est *vrai* que tu n'aimes pas les glaces? Tu n'aimes . . . pas les glaces?
10 L'histoire qu'il m'a racontée était d'une tristesse *immense*. Cette histoire est . . . triste.
11 J'ai éprouvé une joie *intense* en lisant sa lettre. Sa lettre m'a rendu . . . heureux.
12 J'ai le souvenir *confus* d'un rêve horrible. Je me souviens . . . d'un rêve horrible.
13 Il a dépensé des sommes *énormes* pour réaliser son idéal. Il a dépensé . . . d'argent pour réaliser son idéal.

I-4

Remplacez les adverbes en italique par des synonymes.

1 *Dernièrement*, je l'ai vu une fois au cinéma. Il avait mauvaise mine.
2 Je lui ai dit *carrément* que je ne voulais plus le voir.
3 *Finalement*, je crois qu'il vaut mieux renoncer à ce voyage.
4 *Evidemment*, il avait encore oublié de payer.
5 Mon amie Pierrette, que je n'avais pas vue depuis dix ans, avait *drôlement* changé.
6 Il faut étudier ce chapitre et le chapitre 7 *également*.
7 Dimanche dernier ma mère avait préparé un gâteau au fromage qui était *sacrément* bon !
8 J'aime presque tout ce qu'a écrit cet auteur, mais ce livre-ci, je l'aime *particulièrement*.
9 Il voudrait bien la revoir, *seulement* il ne savait pas où elle habitait.
10 Elle doit *forcément* revenir ici puisqu'elle a oublié ses clefs.
11 Autrefois on n'admettait pas qu'une femme s'habille en pantalon, aujourd'hui c'est une idée *communément* acceptée.
12 Fréquentant tous les deux les mêmes endroits ils devaient *fatalement* se revoir un jour.
13 Nous avons passé la soirée chez nos amis, Christine et Jacques. Nous nous sommes *follement* amusés.
14 Un monsieur très *curieusement* habillé est venu s'asseoir à notre table.

aussi, beaucoup, énormément, en fin de compte, d'une façon bizarre, franchement, généralement, mais, naturellement, nécessairement, nécessairement, récemment, spécialement, très.

Mettez l'adverbe qui convient.

1   Je t'en prie, cesse de te moquer de moi. J'en ai . . . de tes plaisanteries.
2   Savez-vous jouer du piano? — . . . seulement.
3   . . . je suis allé chez l'épicier, . . . chez le marchand de légumes, et . . . j'ai pris un verre dans le café du coin.
4   Si la grille n'est pas trop haute, tu pourras passer . . .
5   Il y a deux mois on a encore eu des nouvelles de l'expédition, mais . . ., rien.
6   Aujourd'hui, nous sommes le 28 janvier. Le 26, . . . donc, je suis allé à un match de football, le 27, c'est-à-dire, . . ., je suis allé à une soirée de catch, le 29, donc . . ., j'irai jouer au tennis avec Paul et le 30, donc . . ., je resterai tranquillement chez moi.
7   . . . de livres lui avez-vous prêtées? — Je lui en ai prêté dix.
8   Qu'est-ce que tu as? . . . tu ris, . . . tu pleures.
9   Ce n'est pas étonnant que votre équipe ait perdu. Elle a vraiment . . . joué.
10 Cela fait longtemps que vous avez une voiture? — Oh non, . . . seulement.
11 Soulevez le fauteuil pour voir si la pièce de monnaie a roulé . . .
12 . . . on pouvait se baigner dans les canaux; actuellement les eaux sont trop polluées.
13 Je ne te quitterai jamais. Je resterai . . . avec toi.
14 . . . il fait froid! Il fait moins quinze degrés sans doute.
15 Est-ce que vous n'êtes jamais allé à Paris? — . . ., j'y étais en 1970.

d'abord, après-demain, assez, autrefois, avant-hier, combien, demain, depuis, un peu, depuis peu, dessous, enfin, ensuite, hier, mal, par-dessus, que, si, tantôt, tantôt, toujours.

Mettez l'adverbe qui convient.

1   Je ne sais pas . . . je ne te l'ai pas dit. Je n'ai pas osé sans doute.
2   Veux-tu me passer le sel? Et j'ai besoin du poivre . . .
3   Il ne faut pas se contenter de faire son devoir; on doit le faire . . .
4   Tu n'as plus besoin de mon vélo? — . . ., je peux le prendre moi-même.
5   Est-ce que vous sortez souvent? — Non, pas très souvent, nous allons . . . au cinéma ou voir des amis.
6   Je ne trouve pas mon stylo. Pourtant il doit être . . .
7   Deux enfants se mettent au milieu et les autres enfants forment un cercle . . .
8   Le chat doit être sous le fauteuil. — Non, il ne . . . est pas.
9   Est-ce que tu auras le temps de me donner un coup de main ce soir? — . . ., cela dépendra du travail que j'aurai encore à faire.
10 Si vous voulez gagner la semaine prochaine, vous devrez jouer . . . qu'aujourd'hui.
11 J'ai . . . terminé mes devoirs. Il ne me reste qu'à faire deux phrases.
12 Pourquoi est-ce que vous allez . . . à la gare. Le train ne partira que dans trois heures.

13 Ce soir, la réunion aura lieu dans la salle des fêtes, mais la semaine prochaine elle aura lieu . . .

14 Ouvre la boîte et . . . tu trouveras du fil et une aiguille.

ailleurs, aussi, autour, bien, dedans, déjà, mieux, peut-être, pourquoi, presque, quelquefois, quelque part, tant mieux, y.

I-3   *Mettez l'adverbe qui convient.*

1 Est-ce que vous connaissez cet homme? – . . ., je le vois parfois chez mon oncle.

2 Je n'ai pas envie de t'expliquer la question, . . . tu n'écouterais pas.

3 On vient de peindre le banc. Ne mettez pas vos affaires . . .

4 J'ai acheté des chaises Louis XV – Mais t ne pourras jamais t'asseoir

5 Vous avez passé vos vacances aux Eyzies? Est-ce que vous avez visité . . . le musée d'art préhistorique?

6 La barrière ne s'ouvre pas; il faudra passer . . .

7 Concerts, bals, fêtes, tout ça est fini. Il faudra être plus sérieux . . .

8 Je vais me promener jusqu'à onze heures et . . . je vais prendre le café.

9 Qu'il est difficile de choisir! Donnez-moi un pastis, oh non, . . . un demi.

10 Est-ce que vous êtes allé aux Etats-Unis? – Non, . . . Mais j'aimerais bien y aller un jour.

11 Est-ce que vous voulez encore du potage? – Bien . . ., je le trouve délicieux.

12 Laquelle de ces deux tours est la plus ancienne? – Il n'y a aucune différence, l'une est . . . ancienne que l'autre.

13 Je peux vous donner une livre. Cela suffit? – Oh non, il m'en faut . . .

d'ailleurs, aussi, davantage, désormais, dessus, jamais, là-bas, là-dessus, oui, par-dessus, plutôt, puis, volontiers.

I-4   *Trouvez le synonyme des mots en italique.*

1 *A ce moment*, je le vis sortir du cinéma.

2 Je partirai à six heures, mais *avant*, j'ai encore des affaires à régler en ville.

3 Le camion n'a pas pu éviter la motocyclette qui sortait *tout à coup* d'une rue à gauche.

4 *Tout bien considéré*, vous avez raison.

5 Vous avez encore des remarques *à ce sujet?*

6 Si tu me donnes le timbre de la Yougoslavie, tu auras en échange deux timbres de la Grèce. – *Je veux bien*.

7 Est-ce que vous avez *suffisamment* d'argent?

8 Vous saviez *fort* bien qu'il ne fallait pas le déranger.

9 Ce qui compte *principalement*, c'est l'intention.

10 Ton ami n'est pas encore là? – Non il a *probablement* oublié l'heure.
11 Tu as vraiment bien cherché? – Oui, j'ai cherché *dans tous les coins*.
12 C'était le 25 mars. *Deux jours plus tôt* j'avais vu un film avec Belmondo; *le jour précédent* une pièce de théâtre avec Madeleine Renaud; *le jour après* je devais aller à un concert de Jean-Pierre Rampal et *deux jours plus tard* à une exposition de Bernard Buffet.
13 Quand je vous appelle, je veux que vous veniez *immédiatement*.
14 Est-ce que vous voulez nous raconter vos aventures? – *Avec plaisir*.
15 Cette bête est *si* petite qu'on la distingue à peine.
16 Tu ne vas pas au cinéma avec moi? Bon, . . ., j'irai tout seul.

d'abord, d'accord, alors, après tout, assez, aussitôt, avant tout, l'avant-veille, là-dessus, le lendemain, partout, sans doute, soudain, le surlendemain, tant pis, tellement, très, la veille, volontiers.

II-5 *Trouvez le synonyme des mots en italique.*

1 *A quelle heure* viendrez-vous?
2 Ma femme quittera l'hôpital *dans peu de temps*.
3 Je vais d'abord suspendre les lampes et accrocher les tableaux *ensuite*.
4 Simenon a écrit *un grand nombre* de romans policiers.
5 C'est encore loin d'ici au village? – Je ne sais pas exactement, un quart d'heure *à peu près*, je pense.
6 Au concert j'ai vu *pas mal* de gens que je connais.
7 Par son récit nous avons compris *de quelle manière* les choses se sont passées.
8 Hier soir j'ai vu ta sœur au théâtre. – Tiens, tu y étais *aussi*?
9 Vous n'avez pas à me dire tout, mais vous pourriez me dire *en tout cas* ce que vous avez fait hier soir.
10 Si vous me parlez *de cette manière*, j'aimerais mieux que vous partiez.
11 Ce n'est que *progressivement* que j'ai compris de quoi il s'agissait.
12 Ce qui m'intéresse, ce n'est pas ce que vous avez fait, mais *la façon dont* vous l'avez fait.
13 Si tu ne veux pas sortir avec moi, *dans ce cas* j'irai avec Jacqueline.

ainsi, alors, après, au moins, beaucoup, bien des, comment, comment, également, environ, peu à peu, quand, sous peu.